人や組織を「元気」にする
講演講師・コンサルタント 48選 名鑑

いきいきとした人生と
仕事に貢献する講師・
コンサルタントの会 編

はじめに

　政治も経済も混沌(こんとん)とした状況にある現代社会はVUCA（ブーカ／将来の予測が困難な状態）の時代と呼ばれています。

　ひと昔前の時代のように、「日本経済の成長＝日本の企業全体の成長・繁栄をもたらす」という図式や従来の価値観は通用しなくなり、日本の経営者や労働者、一般の生活者などを取り巻く状況は社会的・経済的にますます厳しい状況にあるのではないでしょうか。

　経営者にしてみれば、この困難な時代を乗り切る経営の舵(かじ)取り・方途に困惑し、労働者・一般の生活者にしてみれば、仕事やキャリア、貯金、結婚、子育てなど、将来に対する不安の要素は枚挙に暇(いとま)がありません。まさに企業も個人も不安を感じているのが現状です。

　そこでこの度、当プロジェクト事務局では、講演やコンサルティングで効果をもたらしている人物に着目し、さまざまな悩みや不安から元気になれない人に、「元気」をお届けできる書籍、『人や組織を「元気」にする講演講師・コンサルタント48選／名鑑』を企画いたしました。

　こうした講演講師・コンサルタントを探そうとしても、ネット等では、その膨大な情報のなかから最適な人物を見つけ出すのは至難の業(わざ)です。本書では、講演講師やコンサルタントのプロフィールや実績を、単に紹介するだけのカタログ本ではなく、講演講師・コンサルタントに自ら課題・問題に対する特徴的な考えを述べていただく本に仕上げることで、読者がベストな講演講師・コンサルタントと出逢う機会を提供していきたいと考えております。

　本書の活用によって、講演会やイベント、企業の発展などが成功に導かれますことを心よりお祈り申し上げます。

[本書の構成・各章の概要]

本書の構成・各章の概要は以下の通りです。

第1章　自己肯定感が高まる・ポジティブ思考になる方法を伝える

→自己肯定感やポジティブ思考を身につけることができる考え方や方法・秘訣をお伝えします。

第2章　悩み・ストレスから解放される方法を伝える

→個人的な悩み・ストレスから解放される考え方や方法をお伝えします。

第3章　チャレンジ・冒険心で人生を変える秘訣を伝える

→毎日がワクワクする！　チャレンジ精神・冒険心・探求心で人生を変える秘訣をお伝えします。

第4章　心身の健康・美容が増進する秘訣を伝える

→心身の健康を保ち、健康・美容を増進させる秘訣をお伝えします。

第5章　生活や仕事の不安をなくす方法を伝える～個人・従業員編～

→個人・従業員としての生活や仕事の不安をなくして元気になる考え方や方法をお伝えします。

第6章　事業や仕事の不安をなくす方法を伝える～経営者編～

→経営者として事業、仕事の不安をなくして元気になる考え方や方法をお伝えします。

第7章　地域社会や組織を元気にする秘訣を伝える

→地域社会や組織（企業・団体など）を元気にする秘訣や考え方をお伝えします。

はじめに

[本書の使い方]
　本書の価値は、下記の3つのステップで享受できると思います。

　ステップ１．自社もしくは当該企画に適した講演講師・コンサルタントを見つける
　各講師・コンサルタントの執筆ページやプロフィールページのなかの【主な実績】や【依頼者へメッセージ】を参考に、自社もしくは当該企画に適した講演講師・コンサルタントを探しましょう。

　ステップ２．問い合わせをする
　選んだ講演講師・コンサルタントに連絡をとってみましょう。各人のプロフィールページに連絡先が記載されています。

　ステップ３．講演・研修・セミナーを実施する
　本書をきっかけに出逢った講演講師・コンサルタントとの事前の打ち合わせがすんだら、講演・研修・セミナーを実施してみましょう。予想以上の効果・成果につながることを、事務局一同心より祈念しております。

2024年11月
　いきいきとした人生と仕事に貢献する講師・コンサルタントの会

人や組織を「元気」にする講演講師・コンサルタント48選／名鑑　目次

はじめに ——————————————————————— 3

第1章
自己肯定感が高まる・ポジティブ思考になる方法を伝える

1-1　好転する星の掴み方
　　　創作作家、一般社団法人 食べものに感謝 代表理事／こくぼえみ ——— 14

1-2　一人ひとりが自分らしく活躍する世界を創る
　　　株式会社クラリス 代表取締役／早川真樹子 ——————— 22

1-3　本物の自信を与える承認の力
　　　合同会社LBJ代表社員／半谷知也 ————————— 27

1-4　メンタルヘルスの課題に立ち向かう理論と実践法
　　　CBS心理・発達・教育センター代表／山田文紀 ————— 34

1-5　【童謡】【ことば】で自分自身を元気にさせよう！
　　　国際音楽メンタルセラピスト協会会長・大学教授／山西敏博 ——— 40

第2章
悩み・ストレスから解放される方法を伝える

2-1 「素晴らしい人生だった！」と言える生き方と準備のコツ
　　特定非営利活動法人 エンディングノート普及協会 理事長／赤川なおみ ── 48

2-2 思考を洗練して悩み・不安を解消する
　　宇佐美智貴 ── 54

2-3 遊んで学べるストレス対処法！「ココロンリーツナガール®」
　　キャリアコンサルタント　産業カウンセラー
　　認定NPO法人Switch　理事／小関美江 ── 60

2-4 身体を動かすことで心身を健康にし、人々を元気にする
　　フィットネスインストラクター／本多純子 ── 65

2-5 自分の「考え癖」に気づくことで人生は明るく好転できる！
　　ヒーリングサロンNukumori代表／Jupiter ── 70

2-6 自己否定という最大のストレス
　　心理相談員／宮田 晃 ── 75

2-7 潜在意識を活用して、自分をかなえるメンタルジム
　　Mind∞eight（マインドエイト）代表／芳武初美 ── 80

第3章
チャレンジ・冒険心で人生を変える秘訣を伝える

- 3-1 チャレンジに"遅い"はない！ ワクワク・ドキドキ人生の秘訣
  合同会社オフィスTARU代表社員／上水樽文明 ───── 88

- 3-2 そのアナタの「幸せの基準」高くないですか…？
  〜志は高く　Go beyond your limits !!〜
  株式会社セールスヴィガー 代表取締役／大西芳明 ───── 94

- 3-3 人生には限りがあっても、挑戦には限りなし！
  T'sサポート合同会社代表／戸恒貴文 ───── 99

- 3-4 アフリカで野球⁉　やり抜くチカラで挫折を乗り越え夢を叶える
  一般財団法人アフリカ野球・ソフト振興機構(J-ABS) 代表理事／友成晋也 ───── 104

- 3-5 集客・売上を劇的に向上させる「魔法のチャレンジ集客®」
  「魔法のチャレンジ集客®」の専門家
  満員御礼マーケティング株式会社 代表取締役／長山 寛 ───── 109

- 3-6 イキイキとした自分の在り方をデザインする
  株式会社個コラボ 代表取締役／芳賀 哲 ───── 114

- 3-7 プロスポーツ選手への道
  北海道リーグ　BTOP北海道コーチ／山本真也 ───── 120

第4章

心身の健康・美容が
増進する秘訣を伝える

4-1　元気が出る→人生を豊かにする健康体操
　　　健康体操教室ハローフレンズ イノア代表／伊藤敦子 ———— 126

4-2　効果が体感できるから「健康経営」は実現し、継続する
　　　株式会社健康支援BonAppetit 代表取締役／植村瑠美 ———— 132

4-3　心身のバランスを保ち内側からの美しさを引き出す方法
　　　美ジョンクリエーター／菊田アキ ———— 137

4-4　日本人にお勧めなオノマトペを利用した心と体の整え方
　　　パーソナルトレーニングジム「ホープフィットネス」代表／木暮淳一 ———— 142

4-5　人生を開花させた4つの大切なこと
　　　中村容子 ———— 148

第5章

生活や仕事の不安をなくす方法を伝える
～個人・従業員編～

5-1　強い組織は、コミュニケーションでつくる！
　　　Confidante Consul代表／大槻美菜 ———— 156

5-2 夢に日付を。そして勇気を出して一歩を踏みだそう！
　　なよたけ代表／加藤ゆきこ ─────────────── 162

5-3 努力の方向性
　　宅島奈津子 ─────────────────────── 167

5-4 パワハラは、スキルの習得で改善できる！
　　日本キャリア・コーチング株式会社　キャリアコーチ／タカミタカシ ── 172

5-5 心が喜ぶ言葉を使って未来への可能性を切り拓く
　　合同会社富士みらいクリエイション代表社員／増田和芳 ─────── 177

5-6 パラダイムをシフトさせ、物事をポジティブに捉える
　　株式会社自己成長支援ラボ所長／松山繁博 ──────────── 182

5-7 "生きる"をラクに快適に！　毎日を前向きに過ごす10の方法
　　Life&Career Style代表／眞橋今日子 ───────────── 189

第6章

事業や仕事の不安をなくす方法を伝える
～経営者編～

6-1 固定観念を打ち破れ！　経営者本来の力を解き放つ方法
　　株式会社TRUE LIFE MISSION 代表取締役／安達由紀代 ───── 196

6-2 破産経験に学んだ直感マーケティング
　　困難を乗り越えワクワクできる秘訣とは？
　　株式会社オーシャンホールディングス代表取締役／安部有志 ───── 202

6-3 3つのコミュニケーションを構築し勝ち組企業を目指す
　　株式会社大勝 命銘塾 代表取締役社長
　　戦略的コミュニケーション構築プランナー／大勝康弘 ──────── 207

6-4	経営の安心感を高める事業計画の策定
	経営デザインコンサルティングオフィス株式会社
	代表取締役／川居宗則 ——————————— 212

6-5	組織の成果が上がる仕組みづくりと伴走支援
	be-smiling（ビースマイリング）代表　中小企業診断士／佐々木孝美 —— 217

6-6	経営者が「自分軸」を明確にすると、組織は前進し始める
	株式会社And Forward 代表取締役／瀬越敏弘 ——————— 223

6-7	何のために、今の事業や仕事をしているのか？
	株式会社ヤマトソリューションズ代表取締役／田村茂利 ———— 228

6-8	「感性」×「哲学」で"自分の道"が見えてくる
	「月の庵」代表／月野直美 ———————————————— 235

6-9	人・モノ・お金＋情報・絆が集まるモテ社長®はきょうも元気です
	株式会社未来経営 代表取締役／中垣聖代 ————————— 241

6-10	経営者のお悩み解決
	Ancella代表／中原由利子 ————————————————— 247

6-11	成功事例から学ぶ経営分析の大切さと赤字から黒字への転換のポイント
	農田慎税理士・行政書士事務所代表／農田 慎 ——————— 254

6-12	人を活かし組織を活性化させる経営のコツ
	インテリジェンスフィールド合同会社代表／福田祥司 ————— 259

6-13	建設業経営者は社員の安心安全を守るために何をすべきか
	ハタコンサルタント株式会社 専務取締役／三浦規義 ————— 265

第7章 地域社会や組織を元気にする秘訣を伝える

7-1 社員とゴールを重ね合わせ、中小企業を元気にする！
　　株式会社エニシードコンサルティング 代表取締役／荻須清司 ──── 274

7-2 「自社ファン度」の向上による"いきいき"組織づくり
　　株式会社タンタビーバ 代表取締役／門脇俊仁 ──── 279

7-3 地域社会や組織を元気にする「知られる力」
　　クラブツーリズム株式会社テーマ旅行部 顧問
　　一般社団法人日本遺産普及協会 代表監事／黒田尚嗣 ──── 284

7-4 挑戦(チャレンジ)で溢れる未来を創る
　　GROW LIFE COMMUNICATION代表／三井靖夫 ──── 290

装幀　梅沢 博（アリクイズム）

図版作成　村野千草（bismuth）

※各講師のプロフィール内容における実績や情報等は、2024年11月現在のものです。

第1章

自己肯定感が高まる・ポジティブ思考になる方法を伝える

　今の自分を変えて「もっと自信を持って生きていきたい」「毎日をもっと楽しく過ごしたい」と思っている方、また、仕事や人間関係の問題から自己肯定感が低下してしまい、どんなことにも前向きに取り組めないと悩んでいる方が多くいらっしゃいます。

　そこで本章では、5名の講演講師・コンサルタントのそれぞれの切り口から、自己肯定感やポジティブ思考を身につけることができる考え方や方法の秘訣をお伝えします。

　本章のテーマでの講演・研修・セミナーを実施することにより、参加者の自己肯定感を高め、ポジティブ思考に転換するきっかけをつくります。そのことによって、個人の幸福度や満足度を高めるだけでなく、所属する組織の活性化、ひいては社会全体の活性化にもつながります。

1-1 信条・特徴・取り組み・モットーなど

「ありがとう」の地球活動家

好転する星の掴み方

創作作家、一般社団法人 食べものに感謝 代表理事／こくぼえみ

思考の力で人生を転換する

　このタイトルから占いの話だと思われるかもしれませんが、ここで言う星は占星術ではございません。確かに運気の話ではありますが、生年月日や生い立ちとは一切関係ありません。

　私の知っているいくつかの方法により、運を掴むタイミングをスピードアップできるコツをお伝えします。今ある状況から好転させるのですから、ツイテイル方はさらに運気を上げ、そうでもなかった方は一歩前進する方向へと加速し、掴む回数を増やしていくとイメージしてみてください。

　私たちの体を中心に常に運気はくるくると回っています。そのチャンスが来たら、サッと掴み取るかどうかで運気は変化しています。

　さて、これまでご自身の人生を振り返り、良かった時や悪かった時をグラフにしてみると、一定のパターンがあることに気がつきませんか？それは、ズバリ思考の癖なんです。

　私自身がまさに思考の癖で、幼い頃からジンクスを信じやすいところがありました。嫌なことが起きてしまうと自ら暗くて長いトンネルに入ってしまう。そんな時は決まって心配事をしています。そんな時間を長く引きずれば行き先を見失うことになります。

　なので、最近は悩む時間はせいぜい1日だけと決めています。長々と

悩んでいる時間はありません。一歩前に進むのに大切なのはイメージする力です。

時間と時計のヒミツ

　突然思いも寄らないハプニングが起きたら、そのことについて不平不満を言いたくなりますよね。
　いやぁ、もう言っちゃいましたね。では、その瞬間に何が起きているかわかりますか？　せっかく好転し始めた機会をガチャっと音を立てて戻そうとしていませんか？　では、そんな時こそ、私はその時間へタイムリープして謝ります。
「今のは間違いです。ごめんなさい」と声に出して言ってみましょう。
　タイムリープのしかたは、映画『バック・トゥ・ザ・フューチャー』のようにタイマーを合わせてもよし、簡単な方法は記憶の時間に戻るイメージをすることです。私たちの記憶はかなり遠いところから来ています。
　幼い頃に起きたことを手放さず、似たような事例を引っ張ってくるのです。実際に私はそれを繰り返していました。
　一見、過去から現在に向かっているように思っている方が大半だと思いますが、それは西洋時計の仕組みです。
　和時計は文字盤が動くので、逆回りします。未来から現在へ向かっているとも考えられます。
　これは、時間の概念と似ています。例えばこんなことはありませんか？
　アポイントの時間に合わせて行動している時にとても急いでいたとします。時間に余裕がない。
　そんな時はとても時間の流れを速く感じます。
　またある時、電車のなかでうたた寝をしていたのはほんの一瞬なのに、とても長く寝ているような感覚になった経験もありますよね？

時計が正しいかどうか考えたことはありますか？

季節によって日の出・日の入りの時が違うように、本来は同じ時間に始まることばかりではありません。

それは、私たちの氣分が一定ではないのと良く似ています。

とすれば、一日の始まりの氣分は自分で決めることができるというわけです。

《女心と秋の空》、お天気のようにくるくると変わる気持ちを言いますが、昨今では男女の別はありませんね。

氣分屋さんは変わり者の総称ですが、お天気を動かせる人だったとしたらどうでしょう。

自然ばかりはどうにもならない、抗えないと思っていれば、そのようになります。

常に自然界からのメッセージを受け止めていると、お天気さえ味方をしてくれることがあります。どんな天気においても常に氣分良くいることで、私の上だけ雨が避けてくれたりします。ホントですよ。

この常に【氣分良く過ごす】を実践中です。どこかへ行く時、良い氣分かどうかを先に感じてから行動します。

嫌な場所や苦手な人と会うという気持ちで出かけてしまうと、良い氣分を持続できませんからね。

これは、まだ息子が小学生の頃に実際にあったことですが、
「どうしても学校へ行きたくない！」
という子どもを無理矢理学校へ連れていくと、頭やお腹が痛みだします。

仮病ではなく本当に痛みが出るのです。1カ月学校を休ませて、正解。

その後、校内でいじめが多発していることを知りました。ちょうど、引っ越しのタイミングでしたから学区域を変えて小学校も転校し、心機

一転、そこからは毎日通うことができました。

子どもはとても正直です。そんな時は心からのメッセージですから、氣分を優先しましょう。

１日３個のゴミ拾い

家の中にいても毎日ゴミは出ます。道路を歩いていても地下鉄に乗っていてもゴミが落ちています。

ゴミ拾いだけをしているとあっという間に一日が終わってしまいますから、１日３個拾うと決めています。

そして、この思いを共有することでたくさんの方々がゴミを意識して拾い始めています。拾う人は捨てませんから、やがてゴミをポイ捨てする人が減ってくるでしょう。

ある大会のボランティアウェアがコロナ禍での廃棄を余儀なくされました。新品のブランドウェアを燃やすのはあまりにも忍びない。そのうち1,000着を引き受けました。ゴミ拾いをしてくださる方々へと渡りました。遠くは宮古島にも。

今頃、日焼け対策をしながら海のゴミ拾いをしてくださる島人をカラフルに彩っていることでしょう。これも、たくさんの協力者、起業家の皆さんの応援があって実現できたことです。

世界中にゴミが溢れている世の中を変えるのは意識です。

さて、ここまでに何か変化はありましたか？

次の実験は、ぜひ一度試してみていただきたい。それは、とても簡単です。

人は周囲との関係性で表情や言葉から敏感にニュアンスを読み取ります。

その声がけが良い時も悪い時もあるでしょう。

親子、夫婦、恋人、上司や同僚、クラスメイトにご近所さんまで。しかし、どんな投げかけに対しても有効的な言葉があります。今や世界中の人が知っている日本語です。

【ARIGATOU】
　そう、それは感謝を表現する言葉　【ありがとう】
　有り難う。有る難です。

　良い時も悪い時も、
「はい！　ありがとうございます」です。

　私は好きなことを志事(しごと)にすると決めて、創作作家としてのアーティスト活動と社会貢献型の事業でこども食堂をアナウンスする講演活動をしています。これまでにたくさんの方々のサポートを受けて参りました。
　なかには私のような生き方はとても将来が心配だと思う方が、親心から叱咤激励してくださったこともあります。
「絵や音楽、社会貢献だけで食べていけないでしょ？」
　こんなふうに数々の言葉を投げかけていただきました。

　しかし、こんな時もどんな時も全てに使える共通語はとても便利です。

「はい！　ありがとうございます」

　堅実な日本人から見れば、私のような生き方はおそらくマイノリティな人間のすることです。
　しかし、いつの時代もマイノリティ、いわゆる少数派の人間が新しい時代を築いています。

第1章　自己肯定感が高まる・ポジティブ思考になる方法を伝える

　心配な生き方とは将来のお金が見えないからでしょうか？
　人は人と交わり、コミュニティのなかで生活しています。誰とも会話しないで生きるほうがずっと大変です。
　お金は大切です。これもエネルギーですから。しかし、お金の使い途(みち)は今後どのようになっていくのでしょう。

　環境の変化、時代の変化、あらゆる変化に対応しながら、この先の未来を生き抜くこと。いつの時代においても氣分良く過ごしたい。好転とは氣分良くいること。〜ねばならないと歯を食いしばるのではなく、朗らかに笑って狭い道もイバラの道も通り抜けてきました。常に冒険心を持って進むことで、たくさんのご縁とつながりました。
　私の人生はまるでアニメーションのように場面が変わります。これも全てご縁のお陰さまです。

　これまで、家族や友人、ご縁のあるたくさんの方々の応援があり、そのお陰さまでここまで進んでこられました。10年ほど前、あなたを応援するわ！　と最初に背中を押してくれた女性がいました。出会って間もない頃でした。その方はある日、私の銀行口座に100万円を振り込んでくださいました。その方の夢も私の肩に乗りました。
　ある時、沖縄からお礼の電話をしたら、
「今、あなたが沖縄の子どもたちに向けて活動していると聞いてとても嬉(うれ)しい。私はずっと沖縄戦のことが気になって歴史を学んできました。子どもたちのために頑張ってください」
と、さらに応援の声をいただきました。

　50年後の未来、私は105歳です。その時、地球はどうなっていますか？　日本の食料自給率は上がっていますか？

人口はどうなっていますか？　私の孫も今の私と同じ50代となり家族みんなで暮らしていますか？

　目先の資本だけに動かされず、地球全体を思う未来の子どもたちはそれぞれ大人になっているのでしょう。

　私たち大人がみんなで好転させて、氣分良く生きていれば未来の地球は美しい星のまま宇宙にあるのでしょう。

　今、一冊の絵本を手がけて、未来にひとつぶの種を植えておきます。

〈プロフィール〉**こくぼ えみ**

創作作家、一般社団法人 食べものに感謝 代表理事
1969年千葉県生まれ。
1997年こどもARTをスタート。
2005年地球はともだちproject主宰。
2018年一般社団法人食べものに感謝創立。

主な実績	［これまでの主な講演・研修テーマ］ ・こども食堂のはじめ方 （倫理法人会、ライオンズクラブ、ロータリークラブ、YWCA） ［これまでの主なコンサルティング内容］ ・企業のための商品開発アイデア ・社会貢献事業の提携方法
対応エリア	国内外
その他提供可能な サービス内容	・起業家相談 ・個人コンサルティング
その他の参考情報	―
依頼者へメッセージ	お気軽にお問い合わせください。
連絡先	SNS https://www.instagram.com/tabemononi_kanshAIgsh=dDY2ZGZ1c2JkaDhn&utm_source=qr メールアドレス emikobo45@gmAll.com

1-2 信条・特徴・取り組み・モットーなど

自己実現最大化コンサルタント

一人ひとりが自分らしく活躍する世界を創る

株式会社クラリス 代表取締役／早川真樹子

赤ペン先生組織の責任者として子どもたちを応援

　私は、大学卒業後ベネッセコーポレーションに入社し、「進研ゼミ小学講座 赤ペン先生組織」の責任者を担当していました。

　現在は独立して企業研修等を実施していますが、自己紹介でベネッセの経験を話すと、「赤ペン先生はとても字がきれいですよね」「先生が書いてくれたコメントを今でも覚えています」と多くの方が声をかけてくださいます。赤ペン先生が、何十年も子どもたちに元気や勇気を届け続けていることを実感し、とても嬉しくなります。

　赤ペン先生組織の責任者をしていた時に大切にしていたのは、「主役は子どもたちと赤ペン先生」ということです。赤ペン先生は子どもたちの頑張りや好きなことに共感し、新しいことへのチャレンジを応援します。そして社員は先生方と子どもたちの状況や指導のノウハウを共有し、悩んだ時のサポートをします。この「互いを尊重し合う関係性」が世の中に広がったら、もっと多くの人が幸せになれると感じていました。

挫折経験から気づいた「自分が本来ありたい姿」

　40代半ば頃、人事部門に異動して中途採用や人財開発（主に全社管理職支援や若手育成等）を担当しました。ここで私は大きな挫折を経験する

ことになります。

　特に管理職支援においては、全社における課題やその解決策などの理解が追いついていないなかで企画立案を行い、上司から何度も厳しい指導を受けました。赤ペン先生組織の責任者をしていた時の自分と、人事部において1つの企画さえ通すことができない自分とを比較し、力のなさを痛感しました。そして、「会社に対して何の貢献もできないのであれば、退職をしたほうがよいのかもしれない。でも、退職をしたら自分の人生はここで終わりだ」と考え、非常に辛い気持ちになりました。この頃の私は、できない自分を責め続け、完全に自信を失っていました。そんなある日、「このままの状態だと、自分の心が死んでしまう。本気で自分と向き合おう」と覚悟を決めました。

「私は何が辛いのだろう。本当はどうなりたいのだろう」

　自分自身に何度も問いかけ、最近辛かったことや以前楽しかったことなどを思い出していきました。そして、「上司から指導されたことをそのまま企画にするのではなく、私だからこそ実現できる企画をやりたい！」という想いが湧いてきたのです。自信を失っていた私は、上司が承認する企画を出すことばかり意識し、企画の対象者が喜ぶ姿をイメージできていませんでした。「赤ペン先生が子どもたちのことを本気で考えてメッセージを送っていたように、私も相手に喜んでもらえる企画を本気で実施したい！」と気づいてから、私は生まれ変わったようにいきいきと仕事をするようになりました。まずは自分の意見を持てるようにしたいと考え、人財開発の書籍を一通り読み漁り、セミナーで最新の情報を把握し、コーチングや組織開発のスクールに通い、キャリアコンサルタントの資格も取りました。そして、現場の社員へのヒアリングも行ったことで長年の課題やその解決の難しさを理解したうえで、私だからこそできる支援を提案できるようになりました。

こうして徐々に自信を取り戻すことで、私は「自分が本来ありたい姿」に気づきました。私は、人が本来持っている自分の輝く強みに気づき、自分らしく活躍する世界を創りたい、そう考えました。

多くの人が本来の力を発揮していない社会

日々、現場の社員と話をするなかで、ショックを受けたことがありました。

多くの社員が以前の私と同じように、自分がやりたい企画よりも上司が承認をしてくれる企画を考えていること。そして、担当業務をこなすことに必死になり自分が何をやりたいのかわからなくなっていること。

私たちは、自分の強みを活かし興味があることに取り組むことで幸せを感じたいはずなのに、いつしか与えられた業務を正しく確実にこなすことばかりに集中しています。私は人と話をする時には、「ヒーローインタビュー」のインタビュアーのつもりで相手に問いかけをします。この人はどんな人生を歩んできたのだろう。そのなかで大切にしてきた想いは何だろう。この人が本来の自分らしさを発揮したら、今後どんなことができるのだろう。そして私が感じたことを言葉にして伝えると、相手の表情がいっきに変わり心が輝きだすのです。

人は誰でも、その人ならではの強みや大切にしている想いがあります。周囲の人はその人の素晴らしさや特徴に気づいても、それを敢えて言葉にすることはありません。その一方で、相手ができていないことへの指摘が繰り返され「自分はダメな人間だ」と思い込み、「自分らしさ」に蓋をしています。相手を尊重し感謝の気持ちやその人の素晴らしさを伝えることが増えたら、お互いにもっと幸せな気持ちになり、一緒に力を合わせて頑張ろうという意欲が湧いてきます。

このような世界を広げていきたい。一人ひとりが自分らしく自信を持ってやりたいことに取り組む楽しさを思い出せるように、もっとたくさんの人たちと話をしたい。そして、私は2022年にベネッセコーポレーシ

ョンを退職し、株式会社クラリスを立ち上げました。

誰もがやりたいことに向けて動き始める社会へ

　現在、私は企業研修やコンサルティングで多くの方と関わらせていただいています。長年勤めていた企業を退職することは非常に勇気のいることでしたが、さまざまなお仕事の機会をいただき大変感謝しております。

　私が挫折した経験を通して学んだのは以下のことです。
・他者からどう見られているかを気にしすぎて、自分がどうしたいのかを見失っていた。
・今までの人生を振り返り自己理解を深めることで、本来やりたいことに気づいた。
・やりたいことに気づくと、自分の軸がしっかり定まり日々の生活が楽しくなった。

　多くの人が、以前の私と同じ課題で苦しんでいると感じます。
　私が実施している研修では、こちらが一方的に話をするのではなく、参加者同士が自分の心の本音を話し、相手の話を聞くことで気づきを得る時間を大切にしています。研修の最初は「自分ができていないこと」に対する発言が複数聞かれますが、対話を深めていくと「自分が大切にしたい想いに気づいた」「もっと周囲の人と話をしてお互いを理解していきたい」「自分の可能性を信じて、新しいことにチャレンジしたい」という声が多数上がり、参加者が笑顔になっていきます。
　私はこれからも、一人ひとりが本来の自分の輝きを思い出し、自信を持ってやりたいことにチャレンジする取り組みを応援していきたいと考えております。勇気を出して一歩を踏みだせるかどうかで人生は変わります。皆さまとご一緒にこの取り組みができたら大変嬉しいです。

〈プロフィール〉**早川 真樹子**（はやかわ まきこ）

株式会社クラリス 代表取締役
株式会社ベネッセコーポレーションにおいて「進研ゼミ赤ペン先生組織」の責任者を担当。その後、人事部に異動するが力を発揮できず挫折を経験。その経験から、自信を失っている人たちが自分の強みに気づき力を発揮できるよう支援することに生きがいを感じる。2022年に株式会社クラリスを創設。企業研修やコンサルティング、コーチング等で活動中。

主な実績	［これまでの主な講演・研修テーマ］ ・管理職向け研修（コミュニケーション、人材育成） ・チームビルディング研修（心理的安全性、チームで成果を出す組織へ） ・レジリエンス研修（ストレスの乗り越え方、逆境を糧に自己成長へ） ［これまでの主なコンサルティング内容］ ・企業における人材開発全般のアドバイザリー（制度設計や運用、研修実施）
対応エリア	・全エリア対応可能 ・オンライン実施可能
その他提供可能なサービス内容	・個別コーチング／グループコーチング
その他の参考情報	［所有資格］ ・国家資格キャリアコンサルタント
依頼者へメッセージ	一人ひとりが本来の自分の輝きを思い出し、自信を持ってやりたいことにチャレンジする取り組みを応援していきたいと考えております。勇気を出して一歩踏み出せるかどうかで人生は変わります。皆さまとご一緒にこの取り組みができたら大変嬉しいです。ご相談のみでも構いませんので、お気軽にご連絡ください。
連絡先	ホームページ https://clarice.co.jp/ メールアドレス makiko.hayakawa@clarice.co.jp

1-3 信条・特徴・取り組み・モットーなど
人々のリーダーシップを最大に引きだし強いチームで達成するチームコーチング

本物の自信を与える承認の力

合同会社LBJ 代表社員／半谷知也

自信の正体

「自信を持ちなさい！」という声かけをされた体験は、多かれ少なかれ誰にでもあるのではないでしょうか？ しかし、そのように言われてあなたの自信はどれくらい長持ちしたでしょう。瞬間風速で入った気合いは、遅くとも一晩眠って目覚めた頃には、跡形もなく失われていたのではないでしょうか？

　自信というのは、「自己信頼」を略したものと捉えることができます。そして、「信頼」とは何でしょうか？ 信頼というのは全て「実績」です。あなたが「誰かを信頼する」というのはどのように決まりますか？ その人が信頼できるか否かは、その人がどのような実績を積んできた人なのかを観るでしょう。会ったことのない人であれば、プロフィールなどを参考に信頼してOKかを判断するでしょうし、直接面識のある人であれば、その人があなたに対してどのように接してくれたかという実績が、信頼を積み上げる「根拠」になるのではないでしょうか？

自信の根拠は未来でなく過去にある

「自己肯定感を上げるために何をしたらいいでしょうか？」と問いかけると、わりと多くの人が「これから成功体験を積み上げます」と答えます。それも１つの重要なことと思います。しかし、思うような結果を手

にしたとしても、それを「成功した」「自分が創った」と認めなければ、結局自信を積み上げることにはつながりません。

そう、成功体験はすでに過去にたくさんあるのです。しかし、「成功」と認めていないし、「自分が創った」と認めていないのです。

あなたの仕事は何点？

私が実施する研修／セミナーのなかで、「自分の仕事のパフォーマンスに点数をつけるとしたら何点になりますか？」という質問をすると（これはデータを厳密に取ったわけではありませんが……）、80％程度の人が、60〜80点の間の点数を答えます。つまり多くの人が、「そこそこやれている」という評価を自分自身に下しているということになります。そして、日本で育ち、教育を受けている多くの方は、「謙遜が美徳」という考え方が当たり前になっているので、心のなかでは、もう少し高い点数と思っているかもしれません。

仮に70点とすると、100点中70点は全うしている任務や役割、果たしている責任、自身の成長や強み、頑張っていること、つくった成果など、「できていること」や「うまくいっていること」を表しています。そして100点のうち足りない30点というのは、不足や欠点、至らぬ点、やらかした失敗、自身の課題、期待に応えられていないことなど、「できていないこと」や「うまくいっていないこと」を総じて表現しています。

焦点はプラス70点かマイナス30点か

あなたはどちらに焦点を当てやすいでしょうか？　積み上げた70点に焦点を当てて、「自分はよくやっている」と認めることが多いでしょうか？　それとも、不足の30点に焦点を当てて「自分はまだまだだ」とか「自分はダメだ」と認めないことが多いでしょうか？　そして周りの人からはどちらを指摘されることが多いですか？　実際にその自己評価の

通り、7割はポジティブな面に焦点を当て承認され、3割はネガティブな面に焦点を当て指摘されていますか？　多くの人は、その割合が逆転しています。実に多くの人が「承認が圧倒的に少なく、不足ばかりを指摘される」という体験をしているようです。

　重要なことは、「公平にプラス面もマイナス面も観る」ということなのですが、あまりにもマイナス面の指摘に偏ることが多く、圧倒的に「不足」に焦点を当てる関わりが多いのです。

なぜ「承認された」という実感がないのか？

　その理由の1つは、伝える側の課題として、そもそもプラス面に焦点を当てず、承認していないということが言えます。コーチングのセミナーなどで「"承認"と"不足の指摘"はどのような割合で伝えていますか？」と問いかけると、「承認の関わりは本当に少ないです」と振り返る人が非常に多いです。また「私は承認できている」と思い込んでいる人もいます。そもそも承認すべき事柄がアンテナに引っかからないのです。これは「人に対する承認」だけでなく、「自分に対する承認」も同じことが言えます。自分に対する承認をしないし苦手。弱みとか不足は、たくさん思い浮かぶけれども、「承認」については3つ絞り出すのがやっとという人が非常に多いです。

　一方で、受け取る側の課題もあります。そもそも「承認」されるよりも「不足を指摘」されたほうが記憶に残ります。なぜなら、誰よりも本人が「不足」を気にしているからです。だから、「承認された」記憶は「不足を指摘された」という記憶に上書きされていきます。

プラスを承認しない理由とマイナスを漏れなく指摘する理由

　なぜ、「承認」は少ないのでしょうか？　これはいくつか理由が考えられます。承認は、しなくても別に問題は起きません。「マイナス」が起こらない。だから別に言わなくてもいい。単純に「伝えるのが恥ずか

しい」ということもあります。「承認すると調子に乗るから」という理由も耳にします。そして承認を妨げる重要な要因は、「当たり前」という言葉です。その役割や立場ならば、その年次ならば、そんなのやって当たり前。この言葉に承認がかき消されてしまうのです。

「不足」はどうでしょうか？　不足やミスは指摘をしなければ同じように「マイナス」が起きる可能性があるし、連鎖する可能性もあります。不足やミスを指摘しないマネジャーは怠慢だと叱責されることもあります。したがって、不足については「承認」とは違い、「指摘」することに努めます。

承認と褒める

「承認」とは、正当、または事実・真実と認めることとあります。似たような解釈の言葉のひとつに「褒める」があります。しかし、「承認」と「褒める」には大きな違いがあります。「褒める」というのは評価を伴うということです。

ただし、「褒める」という行為も、相手を認めるアプローチであることは間違いないので、承認にならないかというとそうではありません。信頼する相手から、評価を伴って認められることは嬉しいものです。ここでは、この２つの言葉に若干の違いがあるということを知っておいてほしいのです。逆に言えば、必ずしも評価を伴わないもの、事実だけを伝えるということも、「承認」になるということです。

承認のやり方

承認には、以下の３つの種類があります。
「存在承認」「行動承認」「結果承認」の３つです。
「存在承認」というのは、「あるものをあると認める」関わりです。存在を認める関わりなので、例えば、強みや長所を伝えるという承認のしかたがあります。また、名前を呼んで挨拶をするとか、相手の変化に気

がつくといったことも存在の承認になります。「あなたの存在に関心を向けていますよ」ということがわかるようにアプローチするのです。

「行動承認」というのは、「したことをしたと認める」関わりのことです。ビジネスシーンにおいて私たちは、何らかの結果に向かっています。そして、望む結果が出ようが出まいが、結果に向けたプロセスが必ず存在します。努力したこと、頑張ったこと、工夫したこと、何かを乗り越えたこと、うまくいかなかったけれどチャレンジしたからこそ力がついたこと、など。そのプロセスには承認されるべき行動がたくさんあるにもかかわらず、多くのことがスルーされてしまいがちです。

「結果承認」は、文字通り結果に対する承認です。目標達成、問題解決、プロジェクトの成功、その他創りだした何らかの結果に対して与えられる承認です。結果は目に見えやすくわかりやすいのですが、結果承認だけでは承認の機会があまりにも少なくなってしまいます。

人は一生不足の生きもの

　何がなんでも承認しようというわけではありません。承認は、ないものをあるかのように伝えることではありません。あるものを公平に扱いたいのです。私たちは人生において、より大きな成果やビジョンを実現するためには、成長し続けなければなりません。成長したなと思っても、さらなる高みを目指す限り、次の成長が待ち構えています。つまり私たちは自身の能力については不足を感じざるをえないのです。自分の不足を認め、向上心を適切に持ち、その都度、自分の課題にチャレンジしていかなければなりません。そして同時に忘れてはいけないのは、さまざまなプロセスをこれまでに乗り越え成長しているということであり、結果何らかの能力を身につけ、成果を手にしてきているのです。

　これまでの成長も今ある課題もそれぞれ認めていかなければなりません。正しい「自信」を持ち、これから先に待ち受ける試練に立ち向かうためには、自分を認めるための根拠が必要なのです。それは、人から

「自信持ってやれよ」と声掛けしてもらうことではなく、「私はやれる」と自分自身に無理やり言い聞かせることでもありません。適切に自分自身に承認を与えていくことで、内側から湧き上がってくる「私はやれる」という自信が、あなた自身を後押ししてくれるのです。「自己肯定感」「自信」を高めたいのであれば、自分を愛し、自分に承認を。そして、より大きな成果やビジョンに向けて一生続く成長の旅路を、一歩ずつ自分の力で進めていく必要があるのです。

〈プロフィール〉**半谷 知也**（はんがい ともなり）

合同会社LBJ 代表社員　中央大学商学部経営学科卒業
2001年 東京海上システム開発株式会社（現・東京海上日動システムズ）に入社。2006年 株式会社アクトリーダーシップセンターに入社。リーダーシップ育成やチーム強化のセミナーを企画・実施。2013年5月 独立・開業（屋号：Leaders Base Japan）。2015年7月 法人化。多様な業種でコーチングや研修などを通じて人材育成および組織活性化を支援している。コーチングの実績も1,000人を超え、経営者、管理職やリーダー層など、幅広く支援させていただいている。

主な実績	[これまでの主な講演・研修テーマ] ・コーチング基礎＆応用＆実践（含む1on1） ・リーダーシップ＆チームビルディング ・マネジャー育成プログラム　他 [これまでの主なコンサルティング内容] ・チームコーチングによるチームづくり／組織目標達成支援 ・ミッション／ビジョン／バリューズの策定および浸透支援 ・経営戦略策定および目標達成支援 ・1on1導入および1on1文化浸透支援
対応エリア	日本全国／オンライン対応可能
その他提供可能なサービス内容	まずはご相談ください。
その他の参考情報	[所有資格] PHP認定ビジネスコーチ（上級）／認定チームコーチ 米国NLP協会認定　NLPマスタープラクティショナー JTA認定トレーナー　日商簿記2級 [著書] 『コーチングハンドブック 子供が自力で受験を突破する親からの問いかけ109』（リーダーズベースジャパン） 『kindle版チームコーチング』（リーダーズベースジャパン）
依頼者へメッセージ	組織のメンバー一人ひとりが自分の個性や強さを認め、主体性／リーダーシップを発揮して、チームで圧倒的な成果を自分たちの力で創ることを支援しています。ビジネスでもスポーツで体験するような感動を生みだすことが私の使命です。
連絡先	公式サイト：https://lbj.co.jp/ 公式ブログ：https://lbj.co.jp/information/ 公式Youtube：https://www.youtube.com/@LBJ2013 メールアドレス：office@lbj.co.jp

1-4 信条・特徴・取り組み・モットーなど
どんな問題にも、誠実に"あなたの側に立って"対応してまいります

メンタルヘルスの課題に立ち向かう理論と実践法

CBS心理・発達・教育センター代表／山田文紀

　私のカウンセリングルームに足を運んでくれる人々からは、「やらなければならないことが山積みなのに、気力が湧かない」という声をよく耳にします。そんな彼らに対して私が伝えるのは、「落ち込んでいても、やる気がなくても、行動を起こすための方法があるんですよ」というメッセージです。

　私たちは、そのための一部としてATS（アクティベーション・トリガー・スキーマ）という理論を用います。まずは、ABC機能分析という行動分析の手法を用いて、相談者の問題状況を詳細に把握します。そして、その人の内的状況に応じて、行動活性化療法やマインドフルネス心理療法などの適切な手法を選択します。

　そして、実践的な方法として、活動モニタリングやアクションプランなど、無理なく目標に向かって小さなステップを踏むことをお勧めします。驚くことに、ほとんどの人が、小さな行動を積み重ねることで、徐々に元気を取り戻し、やる気を感じ、自信を持つようになります。

　人それぞれ異なるので、私たちは優れた技法を用いてアセスメントを行い、その人に最適な実践法をカスタマイズして提供します。そして、病院や会社などのカウンセリングルームで、多くの人が改善していくことを目の当たりにしています。

　このように、私たちは革新的な理論と実践法を駆使して、メンタルへ

ルスの課題に立ち向かっています。

　私のカウンセリングルームには、大学生も訪れます。なかには、「やる気がなく、単位が取れない」という悩みを抱えている学生がいます。そんな彼らに対して、私は行動活性化療法を提案します。この方法を試したほとんどの学生が見事に改善し、感謝の言葉を寄せてくれます。

　また、仕事で失敗して上司から叱責され、自信を失い、自分を責め続けて絶望感に苛まれている人々に対しては、アクセプタンス＆コミットメントセラピーという心理療法を用います。このような重いうつ状態の人々は、すぐに行動を起こすことは難しいかもしれません。そこでまず、自分自身を受け入れることから始めます。

　そして、徐々にその人の人生の価値を明らかにし、SMART（価値ある方向に行動をスタートさせる）という方法を用いて、無理のない行動計画を立てて実践してもらいます。詳細はここでは述べられませんが、多くの人々が回復する（元通りになる）というよりも、新たな人生の視点を発見し、望んだ人生を歩んでいくことができます。

　こうして、過去の心の傷やトラウマ記憶を、人生を深める転機だったと捉えるようになります。失敗したことや病気になったことを含め、全てを肯定していけるのです。

　それでは、私が研究している認知行動療法（CBT）を用いて、自己肯定感や効力感を高める実践法についてお話ししましょう。

　まず、CBTとは何かを理解するために、次ページの図をご覧ください。

　この図は、私たちが日常的に経験するさまざまな状況と、それらの状況に対する私たちの認知（思考やイメージ）と気分の関係を示しています。例えば、それまでメールのやり取りを楽しんでいた友人から突然メールが来なくなったとしましょう。この状況に対するあなたの認知は、「あれ、私何か嫌われることをしたかな」や「私を無視したな」「具合で

認知行動療法の基本

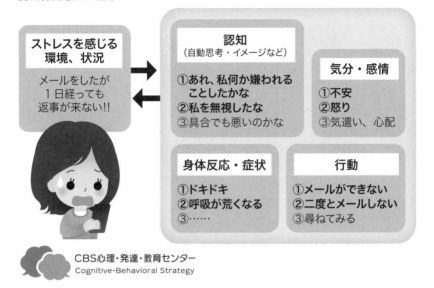

も悪いのかな」など、さまざまな形を取るかもしれません。そして、それぞれの認知は、不安・怒り・気遣いや心配といった異なる気分を引き起こします。

　ここで重要なのは、私たちがコントロールできるのは、「どう考えるか」（認知）と「どう行動するか」だということです。CBTは、これらを変えて人生をより良いものにするための手法です。

　ここで、皆さんに１つ想像していただきたいことがあります。「ここにもぎたてのレモンがあります。今から半分に切って皆さんの口のなかにレモンを１滴ずつ搾ります」。想像できた人は口のなかに変化があったのではないでしょうか？　でもよく考えてみてください、実際にレモンなんてありません。ありもしないレモンに皆さんは生理的反応をしたのです。これが認知の力です。

　この認知の力は、時に人を落ち込ませ、不安に陥れ、絶望させます。しかし、その一方で、そういった状態から人を回復させることも可能で

す。これがCBTの基本原理です。この力を使って、皆さんの自己肯定感・効力感を高め、人生を成功に導くことができるのです。

自己肯定感を高めるために必要なこと：アクセプタンス

　認知行動療法（CBT）を用いて自己肯定感や自己効力感を高める方法の1つは、自分自身を受け入れること、つまり「アクセプタンス」です。私はこれを「自分の人生を引き受ける」と表現しています。CBTの視点から見ると、「損なわれている状態こそがノーマル」であり、「苦悩は誰もが持つもの」で、「"異常"があるのが"普通"」なのです。私たちはよく、「なぜ自分には能力がないのか、頭が悪いのか」と自己批判をします。しかし、そういう自分をまずは"引き受けて"、そのうえで人生を進めてみると、開き直ることができます。自己肯定感を上げるための第一歩は、まさにこれです。

　アメリカの神学者ラインホルドの言葉に、以下のようなものがあります。「変えられないものを受け入れる冷静さを！　変えられるものは変えてみる勇気を！　そしてこの2つを見分けるかしこさを与えてください」。つまり、人生において変えられないものを受け入れ、変えられる認知と行動を勇気を持って変えてみることが大切なのです。

　次に、自己効力感を高めるための5つの構成要素（1.達成経験、2.代理経験、3.言語的説得、4.想像的体験、5.生理的情緒的高揚〈3つの脳のモードをベースにして脳を回避モードから獲得モードに変える〉）について、CBTの認知再構成法を実践します。これにより、自己効力感は徐々に上がり、人生を成功に導く確率が高まるのです。

CBTを実践するうえでのポイント：「死者の目標を立てるな！」

　これまでのメンタルヘルスのアプローチでは、悪い気分を排除し、ポジティブな気分になることを目指してきました。そして、私のところに訪れる患者やクライアントさんの多くが、「不安にならないようにした

い」「落ち込まないようにしたい」「疲れないようにしたい」といった、気分の落ち込みや不安をなくすことを目標にしています。しかし、これらの目標は、生きている人ではなく、死んだ人が達成しているものです。これを認知行動療法（CBT）では「死者の目標」と呼んでいます。

　生きている人しか達成できないことを目標にすることが大切です。つまり、具体的な行動を目標にすることが重要なのです。例えば、「人の役に立ちたい」「家族を支えたい」「このように働きたい」などといった目標です。

結論：メンタルヘルスの問題を解決するためには

　もし、読者の皆さんがメンタルヘルスの問題を解決しようと思うなら、優れた理論と実践法を熟知し、システマティックに訓練を受けた実践家に依頼することをお勧めします。それが、自己肯定感や自己効力感を高め、人生を成功に導くための最善の方法です。あなた自身の人生を引き受け、生きている人しか達成できない目標を立てることで、あなたは自分自身を肯定し、自己効力感を高めることができるのです。それが、認知行動療法（CBT）の力です。

第1章　自己肯定感が高まる・ポジティブ思考になる方法を伝える

〈プロフィール〉山田 文紀（やまだ ふみのり）

現職：CBS心理・発達・教育センター代表、千葉大学医学部認知行動療法センター特任研究員・非常勤講師、創価大学公認心理師コース・大学院兼任講師（創価大学で知覚認知心理学・認知行動療法・産業組織心理学の授業を担当）、神奈川県スクールカウンセラー
経歴：大学病院精神科、メンタルクリニック、学校現場での治療・支援経験を持ち、さまざまな精神疾患（うつ病、パニック症、強迫症、慢性疼痛症、摂食障害など）の方や不登校、引きこもりの方に携わる。認知行動療法、スキーマ療法、アクセプタンス＆コミットメントセラピーなど、多種多様なケースに対応可能。また、「イメージの書き直し療法」の開発、臨床試験にも携わっている。最近では大手企業や行政機関のメンタルヘルスセミナーを担当している。

主な実績	[主な実績] 論文：Exploratory study of imagery rescripting without focusing on early traumatic memories for major depressive disorder. Psychology and psychotherapy 91(3) 345-362 2017年11月 などその他、論文多数 [講演実績]　講演先：大手企業　商工会議所　市役所職員　小中学校教職員　他 講演・研修テーマ：「心の捉え方のコツ　認知行動療法とACT」「仕事力をアップする自己肯定感の高め方」「もっと人生をわくわく、楽しくさせたい！」「メンタル不調者を出さない組織（心理的安全性と心理的柔軟性）」「君にもできることはあるよ・・・不登校・ひきこもりの事例をとおして」　など
対応エリア	日本全国
その他提供可能なサービス内容	対面カウンセリング・オンラインカウンセリング（50分11,000円税込）、当施設を利用した一日・半日研修（うつ病予防、回復プログラム、マインドフルネスエクササイズなど） 詳しくはホームページ参照　　https://cbs-pde.com/
その他の参考情報	[学位、資格]　医学博士（千葉大学大学院医学研究院）、公認心理師、臨床心理士、認知行動療法士（千葉大学） [所属学会] ACBS（ACT世界学会）、ACTJAPAN、日本認知行動療法学会、日本心理臨床学会など
依頼者へメッセージ	認知行動療法を中心としたカウンセリングで改善をサポート。
連絡先	詳しくはホームページ参照 https://cbs-pde.com/

1-5 信条・特徴・取り組み・モットーなど
情熱・熱血 幸縁家、童謡メンタルセラピスト（創設者）

【童謡】【ことば】で自分自身を元気にさせよう！

国際音楽メンタルセラピスト協会会長・大学教授／山西敏博

今、オトナにこそ「童謡」を！：童謡メンタルセラピー

「菜の花畑に　入日薄れ　見渡す山のは　かすみ深し」「秋の夕日に照る山もみじ」……これらの詞を読む時、皆さんは何を思い浮かべるでしょうか。「子どもの頃に小学校で歌った曲」「お母さんと一緒に手をつなぎながら、紅葉の樹の下を通ったあの道」など、さまざまな想い出がこれらの曲と共によみがえってくることでしょう。

　昨今さまざまなニュースが、連日新聞紙上を賑わしています。交通や災害による死亡事故、外国でのテロ行為による無差別・大量殺りく事件や、人間関係のもつれによる殺傷事件。暗いニュースが日々紙面に記されています。一方、私たちの日常生活を思い起こしてみましょう。仕事上での人間関係によるストレス、子育てに悩む両親、生徒指導で日々多忙な教師。そのようななかで、子どもの頃に聴いた、口ずさんだ童謡を、今一度ふと聴いてみる、歌ってみるだけでも、ふっと肩の力が抜けたり、肩の荷が下りるような感じはしないでしょうか。そのような辛い日々を送っている人たちを支援する方法の1つが、この「童謡メンタルセラピー」なのです。

　「童謡メンタルセラピー」は、文字通り「童謡」を聴いてもらうことで「旧（ふる）き佳（よ）き時代」を想い出し、懐かしんでもらうものです。それと同時に、ある心理療法を交えて、当時楽しかったできごとや思い出を振り返

ってもらいます。時には、今抱えている辛いことや苦しいことなどを、他の受講者の方々に共有してもらえることもあるでしょう。そして、その後に少しずつ元気になっていけるという実践なのです。童謡『もみじ』の1番は「秋の夕日に照る山もみじ」と、明るくきれいな印象を持たせています。他方、2番では「渓(たに)の流れに散り浮くもみじ」と、その美しさを終わらせる、もの悲しさを含んでいます。この曲が含むテーマとしては、人間に例えると「生涯における最期（散り際）の場面でも、人は色鮮やかに映えることができる」でしょう。そこから「私の生涯において、最後に花を咲かせることができるできごと、といったら何だろうか」という自問自答ができましょう。そうすれば、「もう、うん十歳の老人だから……」ではなく、「うん十歳の人間だからこそ、家族や孫のために、私の経験を伝えていけるぞ」と、前向きなる「ひと花」を咲かせることができるのです。そうすることで、私たちは『もみじ』の曲から学びながら、さらに成長していくことができるのです。

　このように、認知（アドラー）心理学の観点から「童謡」を、日々の生活に疲れている大人の方や、晩年を漫然と過ごしてしまっている方々にこそ聴いていただき、その曲から「旧き佳き時代のできごと」と関連させながら、前向きに捉えていくことで、より楽しい生活が待っているのです。あなたも子どもの時代に立ち返って、もう一度「童謡」を聴いてみませんか。そして「童謡メンタルセラピスト」として、全国の仲間たちと共に活躍してみませんか。

【ことば】で自分自身を元気にさせよう！

「ことば」はさまざまな力を持っています。そのなかで、日常にあることばではありながら、そのことばの持つ大きな力を、ここでいくつか取り上げます。改めて「ことばの持つ力」を確かめて、そしてその「ことばたち」を口に出して、自分自身を元気にしていきましょう！

1.「ありがとう！」
　――どんなことにも感謝する。そうすることで力が湧きます！

　皆さん、最近「ありがとう！」と言ったのは、いつでしょうか？　販売や接客の仕事に就いているのであれば、それこそ毎日数え切れないほど「ありがとうございます」と口に出しているかもしれませんね。しかし、部下やクレーマー的なお客さまに対しても自然に使えているでしょうか？　また、私生活ではどうですか？　ご家族や友人に対しては？　この「ありがとう」という言葉は、もともと、「有り難し」が語源です。「あることが難しい」、すなわち「稀に見るできごと」であるからこそ、そのことに感謝をするのです。例えば、「誰かから親切にしてもらう・自分の代わりに面倒な仕事をやってもらう・自分の悪いところを指摘してくれる・反面教師として自分に教えてくれている・無償の愛で育ててくれている・何かがそこに存在してくれていることで幸せな気持ちになれる・呼吸ができて生きていられている・水や空気があって、生きていられる」――どれも奇跡的に「有り難い」ことですし、そう思うと全てのことに感謝したくなります。そして、日々「ありがとう」を言いながら生活をすると、毎日が明るく楽しくなりますよね。

　そういえば、「罵声を浴びせ続けて育てた花と、ありがとうと言い続けて育てた花では、その美しさも寿命も違う」という実験があると聞いたことがあります。

　科学的な根拠は全くありませんが、私は、そうだろうなという気もしています。花が人間の言葉を理解しているからではなく、人間が花を大事に育てているからです。

　皆さんも、どんな状況でも心からの「ありがとう！」をぜひ使ってみてください。

　【辛い時も】――就活やアルバイトの面接で断られて。「自分のために時間を使ってくれてありがとうございます（心のなかの声）」――体調を崩して。「無理しすぎていることを体が教えてくれたんだな。どうもあ

りがとう（心のなかの声）」

【腹が立った時も】──理不尽なクレームをぶつけられて。「ご指摘をありがとうございます。どのような問題点がございましたでしょうか？」

【どんな時でも】──家族が食事の支度をしてくれて。「疲れているのに、いつもありがとう！」──朝起きて雨が降っていても。「野菜が、この雨を吸っておいしくなるぞ。雨さん、降ってくれてありがとう！」

こんなふうに、どのような時にも、起きたできごとに対して感謝を持ち続けて暮らしていると、辛い時でも思わぬ方向に事態は好転していきますよ！　ほら、童謡『あめふり』でも、そのように歌っていますよね。「♪あめあめ、ふれふれ、かあさんが、ジャノメでおむかえ、うれしいな。【ピンチ、ピンチ、チャンス、チャンス】、らんらんらん♪」
（＊ホントは「ピッチ、ピッチ、チャップ、チャップ」です^0^）

2.「今日も良い日だなあ」
──どんな日でもプラスに解釈し、さわやかな気分で一日を始めよう。

「今日も素晴らしい日だ」「ストレスもなく楽しい日々だ」。毎日こんなふうに思えたら、人生はとても楽しくなりますよね。でも、たいていの場合、そうではないのが普通の人間の暮らしというものです。

例えば、家族とのいさかい、会社・学校での人間関係、健康の不安……。悩みや不満の種はあちこちにありますよね。天候もそうです。雨が降ったら降ったで「あーあ、雨だ、早く晴れないかなあ……」と恨めしく思い、一方で、晴れが続けば「あー、暑い！　早く、涼しくならないかなあ……」と嘆いている。人間の欲求は果てしなく、飽くなきものです。でも、天候はどうしようもありません。人間関係でも二人以上が集まれば何かと優劣がついてしまうものです。そうであるならば、それらを全部受け入れて、何があっても「今日も良い日だなあ」とつぶやいてみませんか。そうすることで、気持ちのうえだけでも楽しく過ごすこ

とができますよ。

【体調が悪い時も】　A「なんだか今日は体が重い。最近、疲れすぎだな」　B「それに気づいて体を休める気になったんだから、今日も良い日だよ」

【厳しい自然に対しても】　A「なんだ、明日も雪だよ……。また雪かきをしなきゃいけない。あーあ、雪の降らない地域に住みたかったな」　B「そうね、ホントに大変よね……。でも、雪が降るから、毎年、おいしい水が飲めて、おいしい野菜も食べられるんだから。それに、雪かきをすることでご近所さんとのコミュニケーションも生まれるし、そう考えると雪かきも悪くないわ。今日は良い日なのよ」

【これまでのことを後悔している時も】　A「この歳になるまで自分は何をやってきたんだろう？　もっと努力すればよかったな」　B「今日は人生の終わりの日から考えれば〈最も若い日〉なんだよ。気づけてよかったじゃない。だから今日は良い日だよ」

　このように、最初はマイナスの感情（A）が湧いても、プラスに解釈すること（B）はできるのです。

　ぜひとも、ことばで「自分を元気に」していきましょう！

〈プロフィール〉山西 敏博（やまにし としひろ）

国際音楽メンタルセラピスト協会会長・大学教授
1964年北海道・札幌市生まれ。
言語社会学者・認知心理学者。アメリカ・ハイデルベルグ大学大学院修了（MA）。大阪大学大学院博士後期課程満期単位取得。研究助成全20回受賞。海外52カ国、地域訪問。日本、世界通算講演回数約400回。
【日本列島徒歩縦断】達成（1986）
【ヨーロッパ　100km歩破】（2024：60歳）

主な実績	［これまでの主な講演・研修テーマ］ 一般向け ①「童謡」からほっこりしよう！【童謡メンタルセラピー】／②【日本列島徒歩縦断】【海外52カ国・地域放浪】にみる、世界を歩いて人々と出会った！ニッポン・セカイ、さいこう！／③【TOEIC対策講座】：3カ月で ≪200点≫ 上昇!?／④冒険家・山西教授が見た紛争地、2024「ウクライナ」共和国／⑤学校向け【四者択一英語問題】（英検・共通テスト）への学習心理学に基づいた効率的な解法
対応エリア	全国、世界（対面・＊オンライン：養成講座の場合） ＊【講演】はどこでも参ります。
その他提供可能なサービス内容	【童謡メンタルセラピスト】講師養成講座委嘱講演・資格英語検定試験指導（英検・TOEIC）・面接指導、助言　（金額：応相談）
その他の参考情報	［所有資格］ プロスピーカー（講演講師）・教員免許（中高英語／社会・小学校・養護学校）・博物館学芸員・童謡メンタルセラピスト（創設者）・TOEICスコアアップ指導者・国内旅程管理主任者・「7つの習慣」Facilitator・教育コーチング指導者・絵本セラピスト ［著書］ 全68冊・種類。『道産子が歩く：日本徒歩縦断　3,000キロ』（静山社）・『自分を元気にすることば』（Clover出版）・『「童謡」で絶対元気になれる！―心揺さぶる「童謡メンタルセラピー」とは』（ユナイテッド・ブックス）・『ジーニアス英和大辞典』（大修館書店）他多数。
依頼者へメッセージ	楽しく学べ、ほっこりと癒される講座・講演になります！ あなたも【童謡メンタルセラピスト】になれば、皆さんを元気にしていけますよ！
連絡先	①HP：国際音楽メンタルセラピスト協会【童謡メンタルセラピー講師養成講座】 　https://intmusic-therapy.jp/join ②メールアドレス・電話：ezm11541（いち・いち・ご・よん・いち）@nifty.ne.jp／080-3237-0225（担当：佐藤）

第2章

悩み・ストレスから解放される方法を伝える

　現代社会では、情報過多や複雑な人間関係、激しい競争社会のなかで、人々は心の健康を失いがちです。
　そこで本章では、7名の講演講師・コンサルタントのそれぞれの切り口から、個人的な悩み・ストレスから解放される考え方や方法をお伝えいたします。
　本章の内容をテーマにした講演・研修・セミナーを実施することにより、参加者に心の癒やしを与えるだけでなく、より豊かな人生を送るためのきっかけを提供します。社会全体としても、メンタルヘルス問題への関心を高め、心の健康な社会の実現に貢献することが期待できます。

2-1 信条・特徴・取り組み・モットーなど

終活で日本中を笑顔にする終活講師

「素晴らしい人生だった！」と言える生き方と準備のコツ

特定非営利活動法人 エンディングノート普及協会 理事長／赤川なおみ

なぜ悩みを解決するために行動しないのだろう？

　皆さん初めまして。エンディングノートナビゲーター®、終活講師あかさんこと赤川なおみです。

　人は誰でもオギャーとこの世に生を受けた瞬間から、必ず最期を迎えることを約束されています。どんなに長寿の人でも、最期を迎えない人はいません。では皆さんは、ご自身の人生の最期の瞬間を考えて毎日精一杯生きているでしょうか？　今日がその最期の日だとして「素晴らしい人生だった！」と言えますか？

　私は2013年にエンディングノート普及協会を設立し、全国でエンディングノートや終活に関することをお伝えする講師として活動しています。そのなかで、いつも疑問に思っていることがありました。それは講演を聞いてくださった方から、「いつかその時がきたらやってみます」「もう少し歳を取ったら書いてみます」と言われることでした。しかし、その「いつか」はいつくるのでしょうか？　何歳になったら書く気になるのでしょうか？　皆さんエンディングノートや終活に関心を持っているから受講されるのに、なぜ悩みを解決するために行動しないのだろう？

　その答えを考えた時、多くの方が「エンディングノート・終活＝自分の死後のこと」と考えるからだ、だから考えたくない、遠ざけたくなる

のだ、という答えに行き着くまでには、3年以上の時間を要したように思います。

目標や夢のイメージを変えてみる

そこで私は、伝え方を変えることにしました。自分の人生が終わる時期は誰にもわかりません。しかし期限があることは確かな事実。そして人は、期限や目標を設定すると、計画を立てて動きやすくなります。

皆さんも大きな目標を立てる時、目標があまりにも高く夢が大きすぎると、どうやってたどり着いたらよいのかわからなくなりませんか？ そんな時には、小さな目標を立てながら1つずつクリアして、最終的な大きな目標にたどり着き夢を実現するという方法が一般的です。そしてもう1つ、ネガティブな目標よりも楽しくてワクワクする目標に向かって進みたいですよね。

受講した方ご自身の不安を解消し、悩みを解決するような行動をとっていただくには、終活というネガティブなイメージを楽しくワクワクするイメージに変える必要がある！ 同じ人生の最期を考えるにしても、どんな人生の最期を考えるのか？ 「素晴らしい人生だった」と言える人生を生きることを目標に、そのために"今をどう生きるのか"を考えることで、人は動くのではないか？ と仮説を立て、伝え方を変えていきました。

誰でも今すぐやってみよう！ を伝える

私の専門は終活やエンディングノートの書き方など、どちらかというと「よくわからない、難しそう」という分野です。そして目指すところも人生の最期という長期目標です。終活は相続やお墓、葬儀のこと、片づけ、自分に介護が必要になった時のことなど、分野も考えることも多いだけでなく、人生で何度も経験するというものではないので、敷居が高いと感じてしまうようです。しかも、どちらかというと楽しい！ と

言える話題ではありません。

　そこで講演の際に心がけていることが2つあります。1つは「今日からできること」をお伝えすることです。人生の最期がいつになるのか？は、誰にもわかりません。何十年も先かもしれないし、明日かもしれない。だから後悔しないように、大変な準備をしなくても"すぐできること"を具体的にお伝えします。

　2つめは「イメージできる行動」をお伝えすることです。日常生活とかけ離れていることは、始めるまでに時間もかかりますし精神的にもハードルが高くなります。ですから、どんなに大きな悩みでも目標でも、日常生活のなかでできることから始めることが必要です。

　素晴らしい講演を聞いて、その時には「よしやろう！」と思っているのに、なぜか行動できない。行動できないから悩みも解決しない。動けない時には、日常生活のなかに落とし込み、どんなに小さな一歩でもよいので今できることを探してみてください。

人生終わりがあるから今がある

　私には、「終活で日本中の人を笑顔にしたい！」という大きな目標があります。終活と笑顔、どんな関係があるの？　と思われる方も多いことでしょう。

　先にもお伝えしましたが、終活にはさまざまな項目があります。文字で見ると非日常のように感じてしまいますが、人が生きていれば電気も水もお金も使い、洋服を着て物を持ちます。だから、人がいなくなればそれらを解約したり片づけなくてはならない。終活は、生きている今の延長線上にあることなのです。

　そして、亡くなるまでの準備は自分でできますが、亡くなった後は電気や水道の解約は自分ではできません。そこで、誰かその時生きている人にお願いしておく。繰り返しますが、終活は特別なことでも難しいことでもなく、今の生活の延長線上のことなのです。

終活で日本中の人が笑顔になる講座を目指す

　でも、どうして終活で笑顔になれるのか？
　私の講演会に参加してくださる方のほとんどは、ワクワクしながら参加するよりも、なんとなく先のモヤモヤした不安を抱え、答えが見つからないだろうか？　何かヒントはないだろうか？　と思いながら来られます。そこで私がメディアでよく見かけるような、不安を煽（あお）るようなお話をしたらどうでしょうか？　きっと、参加する前よりも不安でモヤモヤしながら毎日を過ごすことになるでしょう。
　もちろん、超高齢社会に突入した日本で生活する私たちにとって、先の見えない不安はたくさんあるかもしれません。それでも最期に向かって人は今、生きています。
　ですから、できる限り今できること、講演会が終わって帰ってからでも、すぐに始められることをお伝えしています。人は「できた！」の積み重ねが大切です。難しそうな終活のなかの1つでもできたら、次はこれをやってみようと、自分で行動できるようになるはずです。そして気づけば毎日の生活から1つずつ不安が消え、笑顔で楽しく生活できるようになるのです。

　私は終活・エンディングノートの専門家として「終活で日本中の人を笑顔にしたい！」を目標に、これからも全国で日々の不安を解消し、笑顔になる講演を続けてまいります。

おわりに

　皆さんの悩みやストレスはどんなことでしょうか？　どんなに考えても解決の見通しが立たない、考えているだけで不安やストレスに押し潰されそうになる、そんなことがあるかもしれません。しかし、それも"生きている証（あかし）"です。生きているからこそ、考え、悩んでしまうこと

もあります。

　そんな時には、ぜひとも小さな一歩につながる「今できること」を考えてみてください。誰かと比べる必要はありません。自分にとっての「今できる、今日できること」で大丈夫です。それができたら、次の今できることを考えて、やってみてください。

　人生はその繰り返しです。そうやって今できることを積み重ねていけば、不安は1つずつ解消され、毎日を楽しく笑顔で過ごすことができるはずです。そして気づけば、人生最期の時に「素晴らしい人生だった」と言うことができる、素晴らしい人生になっていることでしょう。

〈プロフィール〉**赤川 なおみ**（あかがわ なおみ）

特定非営利活動法人 エンディングノート普及協会 理事長
2013年エンディングノート普及協会、2014年日本終活サポート協会を設立。2017年NPO法人化し理事長に就任し現職。
日常生活では、本家の長男の一人っ子ながらその男性の嫁となり、これまでに延命治療をする看取り、しない看取りを5度経験。4人の子育てと実家の認知症の母と在宅酸素の父の遠距離・ワンオペ介護から現在は同居在宅介護に移行し、自らも家族介護、実家の墓じまいを実践中。

〈メディア出演・メディア掲載実績〉

「『もしもの時に役立つエンディングノート』RCCラジオ 終活宣言№1〜転ばぬ先の知恵袋〜」、中国新聞、毎日新聞、読売新聞、朝日新聞、福山経済リポート、朝日放送テレビ『5アップ』、朝日放送テレビ『おはよう朝日です』、その他インターネットテレビ、インターネットラジオ出演。

主な実績	これまでに300回以上講師として登壇、5,000人以上にエンディングノートの書き方、終活を伝える
対応エリア	講師のご依頼は全国対応（オンライン講座可能です）
その他提供可能なサービス内容	オンライン講座、オンライン個別相談、エンディングノートの監修、終活事業のコンサルティング業務他、お気軽にご相談ください。
その他の参考情報	[所属] 特定非営利活動法人エンディングノート普及協会、立教大学大学院社会デザイン研究科博士前期課程在学中、遊ぼう会ぷらす [執筆・監修] 『書いて残す理由と意義がよくわかる！30代から始めるエンディングノートのつくり方』（セルバ出版）、テレビ朝日『人生の生前整理バラエティ　あとはよろしくお願いします。』監修、大橋運輸株式会社　エンディングノート監修、福山市新市交流館会報コラム執筆中
依頼者へメッセージ	講師のご依頼は、90〜120分で、内容は主催者の方のご要望にお応えいたします。
連絡先	ホームページ：https://endingnote.or.jp/ YouTubeチャンネル：広島弁deたちまち終活 https://www.youtube.com/@akasan6668

2-2 信条・特徴・取り組み・モットーなど

次世代につなぐ日本づくりをサポート

思考を洗練して
悩み・不安を解消する

宇佐美智貴

　私は群馬県富岡市で社会保険労務士事務所を運営しながら、メンタルコーチとして活動しています。これまで、自分自身でつくりだしている消極的思考のせいで、心が煩悶(はんもん)し思い悩んでいる方をたくさん見てきました。今回お伝えする方法を知っていたら、もっとラクに過ごせていたにもかかわらず、不安な日々を歩んでしまっているのはとても残念なことです。

　「将来への不安を取り除き悩みのない人生を送りたい」「夢実現に向けて充実した日々を送りたい」と願っているはずなのに、目の前に起こるできごとに振り回され、都度立ち止まって前に進めない方が多くいらっしゃいます。それは、私たちの心があらゆるできごとに対し、無意識のうちに反応し消極的な判断をしていることに原因があります。

　悩みや不安を解消するためには、「積極思考」を持っていることが必要不可欠になります。思考が消極的になっていると、何か事が起こる度に悩みや不安を抱き、結果として悶々とすることになります。

　ところが、思考が積極的になると心の反応に変化が表れ、何かあれば落ち込み悩んでしまうといったことが嘘のようになくなります。多くの方は自分自身が消極思考になっているということに気づいていないのです。

思考と脳の関係

　皆さんは、思考というものをなんとなく知っているものの、その実態についてはよくわからないのではないかと思います。自分を苦しめるもの、悩みを生みだすもの、苦しみを与えるものといったように、良くないもののように勘違いをされている方が多くいらっしゃいます。

　実は、思考をコントロールしているのは皆さんの「脳」です。人間は万物の霊長と言われるように、他の動物に比べて圧倒的に脳が発達しています。特に、将来を考えるイメージ力や感謝の気持ちを持つなど、人間にしかできない特有の能力があります。多くの方は、この非常に優れた脳の間違った使い方をしてしまっているがために、思考をマイナスの方向へコントロールし思い悩んでいるのです。実際にその感覚はないと思いますが、この知らず知らずのうちに行っている消極的判断が、結果として皆さんの不安を煽ることになってしまっているのです。

脳の特性を逆に利用しプラス思考をつくりだす

　先ほど、脳の間違った使い方をしてマイナス思考になっているとお伝えしましたが、では、どうすれば思考をプラスにコントロールすることができるのでしょうか？

　実は、私たちは外部から情報という刺激を受け止めると、瞬間的に快・不快といった感情ホルモンを脳から生みだしています。脳は外部からの刺激に対して、無意識のうちに一瞬で反応しています。脳には感情を伴ったできごとを深く記憶する特性があります。残念なことに、プラスのできごとよりもマイナス感情を伴ったできごとほど強く記憶してしまうのです。

　脳のなかでは1日に7万回も思考が繰り返されていると言われています。この大半がマイナス思考であるとすれば、何もしなければ誰でも無意識のうちにマイナス思考、消極思考となり、マイナスの感情ホルモン

が生みだされることによって不快な気持ちになっていくのは当然のことです。

皆さんは、お化粧をしたり、筋トレをしたり、お肌のスキンケアに時間をかけたり、外見や健康に関することに相応の時間をかけているかと思います。心の悩みや不安を解消するためには、それと同じように、磨き上げるようなイメージで思考をピカピカにメンテナンスし、積極的で強い心をつくりだす必要があるのです。

言葉を利用して思考をコントロールする

思考を積極的な方向へコントロールする方法の1つとして、プラスの言葉を活用するというものがあります。皆さんが日々使っている言葉をプラスにすることで、思考がどんどん積極的に変化していきます。言霊と言われますが、言葉にはみなさんが想像する以上に大きな力があります。感謝の言葉、前向きで人を元気づける言葉、自分を鼓舞する強気な言葉など、積極的でプラスの言葉を習慣化することで思考がみるみるプラスに変化していきます。プラスの言葉が実在意識から潜在意識に働きかけて、思考を積極化していくのです。

私は積極思考の方々とお話ができる場に率先して参加しています。講演会、異業種交流会、倫理法人会で行っているモーニングセミナーなどです。積極思考の方は消極的な言葉・不平・不満を言うことがなく、常にプラスの言葉を使っています。積極思考の方と一緒にいると、前向きな言葉で会話している自分がいます。こうした場に参加されている方々との出会い、つながりはとても貴重で楽しく、自分にとっての財産になっています。

言葉習慣は今すぐにでも変えられます。マイナスで消極的な言葉は言わないようにし、プラスの言葉を発して心をどんどん積極化していきましょう。これだけでも想像以上の効果があります。

取り越し苦労厳禁！ ワクワクの先取り!!

　取り越し苦労とは、起こりもしない困難や心配事を想像して、先に頭のなかで経験してしまうことを言います。脳は現実とイメージの区別がつきません。起きてもいない不安なことを一生懸命考えてしまうと、脳はそれが実際に起きているかのように勘違いしてしまいます。脳がそう判断してしまうと、潜在意識にあるマイナス思考が活発に活動し始め、実在意識に影響を及ぼし思考が消極的になっていきます。

　ということは、そんな起きてもいないことを考えて不安になるのであれば、その「逆」、つまり楽しいことを想像してワクワクしていればいいのです。将来の夢や達成したい目標が実現した状態をイメージして、ウキウキした感情を先取りしてしまえばいいのです。

　取り越し苦労ができるのであれば、楽しいことを先取りしてワクワクすることもできます。プラス思考とマイナス思考が脳のなかで併存することはありません。人は楽しいことと悲しいことを同時に考えることはできないのです。起こってもいない不安なことを想像して悩むより、楽しいことを想像してワクワクしていたほうがいいに決まっています。

　私が実践しているなかで最も効果的な方法が、楽しいことを考えながら床に就くというものです。毎日寝る前に積極的で強い自分をイメージしてワクワクする、夢が実現した状態をイメージして家族や周囲の方が喜んでいる姿を想像する。寝る前に考えていたイメージが睡眠中に強化され、脳が思考を意図的にプラスへコントロールしてくれるのです。これを毎日の習慣にするだけでプラス思考になり、意味なく不安な心に陥ることが少なくなります。実在意識で思考をコントロールした後は、潜在意識の力に任せるのです。

　また、休日に美しい景色を見て脳を活性化するのもいい方法です。きれいな景色を見て嫌な気持ちになる人はいません。視覚から入ってくる美しさは脳にプラスの刺激を与えてくれます。なかなか外へ出かけるこ

とができないのであれば、写真集などを見て、行った気分を味わっているだけでもプラスの効果が生まれます。

継続は力なり

　今回お伝えしたことは、簡単に日々実践できることばかりです。大事なことは継続することです。お金をかけなくても、悩みや不安を解消できる方法ばかりですから実践しない手はありません。積極的な自分をイメージし、プラスの言葉で潜在意識に刺激を与え、毎日思考をメンテナンスしていけば、必ず心が積極化していきます。

　思考が洗練され強い心ができれば、生まれ変わったような気持ちを実感することができ、さらには人格まで変わっていきます。今まで悶々としていた重たい気分が嘘のように晴れていき、物事の考え方が自然と前向きになることで確固たる自信がついてきます。そうすれば自ずと信念が確立し怖いものなしです。

　いかがでしたでしょうか？

　今回はスペースの都合で一部の方法しかご紹介できませんでしたが、私が実施しているSBT（スーパーブレイントレーニング）講座では、大脳生理学と心理学に基づき最強プラス思考をつくる方法についてお伝えしています。人間の脳の仕組みは皆同じであり、誰の脳でも天才の資質があります。現実に能力の差が生じているのは心理面（脳が何を考えどう思うか）に原因があり、誰の脳でもこの心理面をコントロールする方法を身につければ、驚異的な能力を発揮することができるようになります。

　SBT講座は随時受け付けておりますので、ご興味のある方はぜひご連絡いただければと思います。

　磨き上げられた積極思考で、悩みや不安のない活力溢れる充実した日々をお過ごしください。

〈プロフィール〉**宇佐美 智貴**(うさみ ともたか)

1973年群馬県高崎市生まれ。大学卒業後、地元スーパーに就職。生鮮3部門の経験後、店長業務に従事し店舗運営業務を学ぶ。その後、冷菓冷食を扱う卸売業に転職し、管理部門で人事労務の業務に携わる。給与計算や労務管理をするなかで労働基準法に興味を持ち、数年にわたる受験勉強を経て2018年社会保険労務士試験に合格。
2022年1月富岡市内匠に宇佐美労務管理事務所を開設し新たな活動を開始。
2023年1月JADA協会SBT 1級メンタルコーチの認定試験に合格し、真成塾(まなり)を開校。社会保険労務士として企業サポートを行うとともに、最強プラス思考メソッド「SBT(スーパーブレイントレーニング)」によるメンタル指導を個人・団体に向け行っている。

主な実績	［これまでの主な講演・研修テーマ］ 　夢実現の法則 ［これまでの主なコンサルティング内容］ SBT(スーパーブレイントレーニング)、人事労務コンサルティング
対応エリア	群馬県を中心に関東近隣県
その他提供可能なサービス内容	企業向け人事コンサルティング、社会保険手続き、給与計算、働き方に関する個人相談
その他の参考情報	［所有資格］ JADA認定SBT　1級メンタルコーチ、社会保険労務士、 AFP(Affiliated Financial Planner)
依頼者へメッセージ	SBT(スーパーブレイントレーニング)は個人の方は資格取得講座、企業やスポーツチーム、学校等団体さまにつきましては5人以上での講座開催となります。 また、労務など働き方に関すること、および給与制度等の人事制度全般につきましても、社労士として随時対応しています。 メンタルコーチ、社労士およびAFPとしての多面的サポートを特徴としています。
連絡先	①ホームページ https://usami-roumu.sakura.ne.jp/tomo/ ②ブログ https://note.com/tomotaka_usami/all ③SNS https://lin.ee/1F4dWhY ④メールアドレス tmtk.usm@outlook.jp　　　　　　SNS　QRコード

2-3 信条・特徴・取り組み・モットーなど
誰もが自分を大切に、強みを活かして輝ける笑顔の優しい社会を創ります！

遊んで学べるストレス対処法！「ココロンリーツナガール®」

キャリアコンサルタント　産業カウンセラー
認定NPO法人Switch　理事／小関美江

身近に楽しみながら、自分の心を守る方法を伝えたい！

「なんだか心がモヤモヤする……」
「ストレスが溜まっているけど、何から始めていいのかわからない」

　私はキャリアコンサルティングの現場で16年間、たくさんの方のお声を聴いてきましたが、「心のモヤモヤを整理したい」というお悩みが実は一番多いご相談です。ですので、じっくりとお話を伺いながらお気持ちを整理し、相談者の方が心晴れやかに、一歩が踏み出せるようお手伝いをしています。ふとした瞬間にその方らしい笑顔が見えた時はとても嬉しく、この仕事のやりがいを感じます。キャリアとメンタルの問題は切り離せないものであり、何かと変化の多い現代社会は就活でも職場でもストレスマネジメント力が求められる時代。自分に合ったストレス対処法を見つけることは、自分らしい働き方、生き方を考えるうえで欠かせないものであると実感しています。

　このような想いのなか、私は現在、認定NPO法人Switchにて、宮城県を拠点に心の不調や社会的困難を抱えた学生や若者の自立・就労支援に携わっています。日本の子ども・若者の幸福度は先進国のなかでも低

く、社会的背景から起こるさまざまなニュースに胸が痛みます。Switchでは早期の予防支援を理念とし、学生の段階から自分の心を守る方法を知ってもらうために、行政とも連携しながら高校や大学等でメンタルヘルスの出張講座を行ってきました。

「ストレスはなくすものではなく長く付き合っていくもの」
——そう考えた時に、何かもっと若者に寄り添った視点から、身近に楽しんでストレス対処を学べるツールをつくれないかを模索し始めました。でも、そもそもストレスを楽しんで学ぶ発想なんてあり？ 新たな挑戦でした。そんななか、ついに誕生したのが、今回ご紹介するカードゲーム「ココロンリーツナガール®」です。

ストレスリカバー系デュエル「ココロンリーツナガール®」誕生！

「ココロンリーツナガール®」は、ストレスが書かれた「STRESSカード」と、ストレス対処法が書かれた「DO-SURU？カード」、そしてマスコットキャラクターである「ココロンリー＆ツナガールカード」を使い、得点を競い合いながらストレス対処法やセルフケアを学べるという、今までにない新感覚のカードゲームです。カードは125枚、対処法はなんと60種類！

「ココロンリーツナガール®」というユニークなネーミングは、「心がロンリー？ じゃあ、つながろう」という、男性スタッフの残業中のある日の会話から運命的に生まれました。「ゲーム性」にこだわり、あくまでも純粋につながって遊べるカードゲームがいいなぁという思いをチームで実現しました。

開発制作に当たっては、スタートアップとして日本財団さまより助成をいただき、株式会社ウサギ代表のおもちゃクリエイター・高橋晋平さまにルール監修を依頼。「バトルしながらストレス対処？　斬新で面白い！」と快く引き受けてくださいました。デザインはNPO法人かぎかっこPROJECTさまがほっこり愛らしいイラストを描いてくださり、有識者の先生方には対処法に関してのご助言をいただきました。そしてカードの内容には若者たちのリアルな声が反映されています！　たくさんの温かいお力添えのもと、唯一無二のカードゲームが誕生しました。本当に感謝の気持ちでいっぱいです。

ストレスに対する講座ながら「楽しい！」という感想が！

　使って遊んでもらうまではどんな反応が返ってくるのかドキドキしていたのですが……まずは高校数校を訪問し授業でプレーしてもらったところ、「楽しかった！」というお声がたくさん！　「色々な対処法を知ることができた」「自分とは違う考え方を学ぶきっかけになった」等の様々な感想をいただき、嬉しい手応えを感じました。

　また市民イベントに出展した際には、小学生からご高齢の方まで幅広い世代の方に楽しんでいただき、世代を超えて幅広く遊べることがわかりました。

　また2023年秋に出展した東京ゲームマーケットでは、予想に反し、常に大賑わい！　ストレス対処は誰にとっても関心が高いテーマであることを実感しています。

　現在は全国からお問い合わせをいただき、ある時には京都のラジオ局にも出演！　頼もしいメンバーが中心となりファシリテーター養成講座も開催。早速、社員研修

に活用されたというお声も届き、嬉しい輪がどんどん広がっています。

人とつながり、誰もが強みを活かせる、寛容な、優しい社会へ

　私がこれまでずっと大事にしているものに、「強み（ストレングス）」の支援があります。100人いたら100人が違う強みを持っていて、それはその方だけのかけがえのない宝物です。最新の心理学でも、強みを知りキャリアに活かすことは人生そのものの幸福度に大きく影響することが分かっています。これまでも自身の強みを知り受容することで、自分自身を取り戻すきっかけになり、リカバーを遂げていく方をたくさん応援してきました。

　実はこのカードは、ストレス対処だけではなく、選んだカードから強みも知ることができます。例えば、若者に人気の「推し活をする」の対処法カード。そのカードを選んだ理由をいきいきと話してくれる時、その方の強みがキラキラと垣間見えます。また、他者が選んだカードから相手の知らない素敵な一面を知ることで、相手への関心が深まります。自己理解だけでなく、他者理解、チームビルディング、緩やかな対話の場など、さまざまな場面で活用することができます。

　私自身も、山にぶつかりストレスを抱え「ココロンリー」になることがよくあります。でもそんな時、一歩勇気を出して誰かとつながってみる。私たちは人のことで悩みますが、やはり元気を取り戻すのも人とのつながりであると日々の活動のなかでも実感しています。

　このカードがきっかけで、誰かとつながり、多様性を認め合い、自分の強みや時には弱みも見せ合いながら、誰もが自分自身を大切にすることができたら、今以上に、寛容な、優しい世の中を創ることができるかもしれない。

　そんなワクワクした未来への期待も込めて――
「ココロンリーツナガール®」で、遊んでみませんか？

〈プロフィール〉小関 美江（こせき みえ）

認定NPO法人Switch　理事

宮城県出身。大手IT法人営業10年、WeddingPlannerを経て、人材教育企業にて就転職支援や人事研修に従事。出産後の復職に苦戦したことが転機となり、本格的に対人支援、人材育成の道へ。キャリアコンサルタントとして研修講師や公的機関のカウンセリングに携わる。長くNPOにて多様な困難を有する若者の就労支援に携わり、若者が希望を持って生きられるWell-beingな社会を目指し、日々奮闘中！　姉妹の母。

主な実績	[これまでの主な講演・研修テーマ] ・キャリアデザイン／就転職支援／セルフケア／ビジネスマナー／コミュニケーション ・心の不調や生きづらさを抱えた若者の就労支援について ・カードゲームでストレス対処法を学ぼう！ ・人と比べない！自分の軸を大切にした転職活動のススメ [これまでの主なコンサルティング内容] 心の不調や社会的困難を抱えた若年層のキャリアコンサルティング／女性の再就職・ライフキャリアコンサルティング
対応エリア	宮城県・全国
その他提供可能なサービス内容	・カラーを活用した自己理解・セルフケア講座 ・Well-beingを育む「強み」の講座　等
その他の参考情報	[所有資格] 国家資格キャリアコンサルタント　産業カウンセラー ２級キャリアコンサルティング技能士（国家検定） NYLB研究所ポジティブ心理学コンサルタント 中学校・高等学校第一種教員免許 [法人著作] 認定NPO法人Switch著作・帰属　カードゲーム「ココロンリーツナガール®」
依頼者へメッセージ	受講いただいた方が心晴れやかに、笑顔で一歩が踏み出せるような講演やコンサルティングを心がけています。
連絡先	ホームページ https://switch-sendai.org/ SNS https://www.facebook.com/mie.koseki.50 メールアドレス m.koseki@npo-switch.org （ココロンリーツナガール）

2-4 信条・特徴・取り組み・モットーなど
あなたに寄り添いながら、身体とこころの健康をサポートし続けます

身体を動かすことで心身を健康にし、人々を元気にする

フィットネスインストラクター／本多純子

多面的なアプローチで健康な身体づくりを指導

　私は、福井や石川を中心に全国でフィットネスインストラクター、パーソナルトレーナー、セミナーやインストラクター養成講座の講師として活動しています。

　私がこの仕事をするようになったのは、母が病弱で私を命がけで産んでくれたという経験があるからです。母を見て私は、「健康が何より宝」と痛感していたので、幼少期からバレエを習わせてもらったり、陸上、新体操、合気道などさまざまなスポーツを経験してきました。社会人になってからもスポーツジムに熱心に通っていました。そのうちインストラクターにならないかとお誘いを受け、2000年からフィットネスインストラクターになりました。以来、エアロビクス、ステップエクササイズ、ZUMBAなど有酸素系運動と、ピラティス、ヨガ、マットサイエンスなどの調整系エクササイズの双方をマスター。多面的なアプローチで健康な身体づくりの指導ができることを強みとし、延べ100万人以上に運動指導をしてきました。「やる氣のある人はついてきて！」と勢いづいていた頃です。

　ところがコロナ禍にフィットネスクラブの仕事が激減。同じ頃に夫が自己破産をし、連帯保証人だった私は急にお金が必要になり2020年にあわただしく「Studio jun」をオープン。離婚調停も始まり、気持ちはど

ん底。もう死んでしまいたいとまで思いましたが、倫理法人会に出逢って変わりました。以前の私は「自分一人の力で生きてきた」と思っていましたが、「自分は周りの人のおかげで生かされている」と気づき、「まず心」「まず感謝」と思えるようになりました。周囲に素直に感謝できるようになると、お客さまにも以前よりずっと親身になって接することができるようになり、不思議と良いご縁が広がっていきました。

　以前は自分のために働いて稼ぐことが喜びでしたが、今は、お客さまの身体や心の状態が良くなっていくのを見ることが一番の喜びです。

　人の喜びは、自分の喜びより遥かに大きい幸福感があります。

ピラティスとの出逢い

　Studio junでは、特にピラティスに力を入れています。

　ピラティスは、インナーマッスルを鍛えるエクササイズで、姿勢や骨盤の改善、肩こりや腰痛など身体の痛みの改善、ストレス軽減やダイエット効果などが期待できます。元々はドイツの従軍看護士ジョセフ・H・ピラティス氏が開発したメソッドで、当初は第一次世界大戦の負傷兵のリハビリのために行われていました。

　ピラティスとの出逢いは、20年ほど前、日本に上陸した頃です。すぐ虜（とりこ）になり、3年間東京に通いインストラクターになりました。その後、コロナ禍で仕事が激減し、筋力も体力も落ち、先天性股関節脱臼の影響で股関節痛や腰痛に苦しみました。医師には手術をして人工股関節を入れるしかないと言われましたが、ピラティスがリハビリにも使われていたことを思い出し、藁にもすがる思いで毎日コツコツ取り組んだところ、股関節や腰の痛みが改善され、やがて以前のように動けるようになりました。

身体の痛みだけでなく心の痛みも癒やすピラティス

　ピラティスには身体の痛みだけでなく、心の傷を癒やす力もあると感

じています。私はピラティスを学ぶようになって、身体と心、精神のバランスがとれ、穏やかに過ごせるようになりました。

　今年の春、元夫が亡くなり、しばらくは生きていくのが辛く何もする気になれませんでしたが、ピラティスを行い身体を動かすことで少しずつ気持ちが前向きになり、笑えるようになっていきました。

　Studio junには、ピラティスマシンやMveチェアなど、他ではなかなかないツールを取り揃え、皆さんにピラティスのセッションを行っています。ピラティスなら何でもいいわけではなく、丁寧なナビゲートが必要です。ですから、ぜひ当スタジオに来ていただきたいのです。体験すればわかっていただけるはずです。

　ただ、週1回のセッションだけでは身体は変わりませんので、マシンがなくてもご家庭でできるエクササイズを提案しています。セッションはスイッチを入れる場。大切なのは、日常生活のなかでいかに普段使っていない身体の部分を使えるようになるかです。そのコツをお客さまが習慣化できるまで倦まず弛まずお伝えし続けています。全身すみずみまで使い切ったり、関節にスペースをつくったり、中心から外へのエネルギーを大切にしたり……こうやって身体にアプローチしながら心も変わっていくお客さまを何人も見てきました。例えば、イライラしなくなった、頭痛がなくなった、生理痛がなくなった、気がついたら代謝が良くなったなどのお声をよくいただきます。

　私たちの身体は私たちのものではなく、天からお借りしているものです。そう思えるようになったら、私は自分を大切にできるようになりました。借りている身体を死ぬ瞬間まで丁寧に扱っていただきたい。何より自分を大切に。そして共により豊かな人生を歩みたい。そういう想いで指導をしています。

忙しい主婦や経営者、運動不足の人にこそお勧めしたい

　ピラティスには「人生をいかに生きていくか」という哲学的な要素も

あります。当たり前のことこそおろそかにせず、日々の積み重ねこそが肝であると忘れず、一日一日を丁寧に生きていく。それは、自分を大切にするということにも通じます。

　私のこれまでの体験談も交えながら、こんなお話を日々のセッションのなかでもしていると、当スタジオのお客さまは、「身体以外のことも教えてもらえて楽しい」とおっしゃって永く通ってくださいます。時には涙して話が止まらなくなり、話したことで満足される方もおられます。

　特に女性は、仕事や家事・子育てに忙しくて自分のことを後回しにする方が多いと感じています。そういう方こそスタジオに来て身体を動かしたり話をしたりして、身体も心も整えて、またご家庭でみんなの太陽になってほしいのです。

　また、最近はストレスの多い経営者にもピラティスが必要だと思うようになりました。特に朝のエクササイズが効果的です。身体も心も整えて思考をクリアにすると、生産性は確実に上がります。

　運動しなければいけないことはわかっている、だけど忙しくて運動する時間がないという方、そして、辛い別れや経験をして前に進めない方もぜひスタジオに来て、ピラティスで元気になっていただきたいです。

パーソナルセッションの様子。しっかりコミュニケーションをとり、二人でつくり上げる世界観を大切に、ピラティスマシンを使い丁寧に指導をしています。

第2章 悩み・ストレスから解放される方法を伝える

〈プロフィール〉**本多 純子**（ほんだ じゅんこ）

フィットネスインストラクター
福井県生まれ。母親が病弱だったため幼少期は親戚に育てられる。幼少期からさまざまな運動を経験し、運動と心の関係に興味を持つ。入退院を繰り返す母を見て育ったことから医師を志したが挫折。大学卒業後、旅行会社に就職。スポーツジムで運動を続けつつ働いていたが、2000年からフィットネスインストラクターに。コロナ禍の2020年に福井にてStudio junを開業。

主な実績	・エアロビクスやZUMBAなど有酸素系運動から、ピラティスやマットサイエンスなど身体の機能改善運動まで、幅広く指導。 ・活動をスタートして以来、延べ100万人以上に運動指導。 ・フィットネス業界の活性化のため、インストラクター養成講座も開講。正しい運動機能理論と、楽しい運動時間の提供ができるハイレベルなインストラクターを育成している。
対応エリア	福井県、石川県が中心。オンラインレッスンでは全国を対象。
その他提供可能なサービス内容	・健康に関する講演、セミナー等も行っている。
その他の参考情報	[保有資格] AFAAマスタートレーナー／PeakPilates フル認定／JHCAフィジカルコンディショナー認定／NLPマスタープラクティショナー／自立型セルフマネジメント認定コーチ／Franklin Method Educator Level 3／ベリーシェイプ オフィシャルトレーナー／ZUMBAR認定
依頼者へメッセージ	身体が変われば心もライフスタイルも変わります。楽しくエクササイズをすることで、身体づくりだけでなく心の健康も目指し、より豊かな人生を共に歩んでいきましょう。
連絡先	ホームページ https://studiojun-official.com/ ブログ https://yumeblo.jp/junkohonda/ インスタグラム https://www.instagram.com/honjunjun/ Facebook https://www.facebook.com/junko.honda.92 YouTube https://www.youtube.com/channel/UCl_MF7GrW8yszYs68THCS0w?app=desktop

2-5 信条・特徴・取り組み・モットーなど

あなたの心と身体の両面から癒やしをサポートします

自分の「考え癖」に気づくことで人生は明るく好転できる！

ヒーリングサロンNukumori代表／Jupiter

タロットカードとの出合いで自分の内面に気づかされる

　私は幼少の頃から不思議な世界や目に見えない世界について、とても関心があったように思います。

　人生も30代半ばになり、仕事で行き詰まっている時に、インターネットで当たると評判のタロット占いをしてもらったことがきっかけで、タロットカードとの運命的な出合いを経験しました。その後タロットカードを購入し、当時は独学で勉強していたのですが、途中から同じカードが何度も出ることで、自分の心をカードが映しだしていることに気がついたのです。そのことから、自分の考え方にネガティブな思考があるということを発見しました。

　その頃、私は離婚してシングルマザーとして必死になって働いていましたが、仕事に対して向上心を持つ一方で、仕事を失いたくないという恐れや不安も同時に抱えて生きていたように思います。

　不思議な話なのですが、カードはその人の心理や潜在意識を見事に投影しているということに気づき、それ以来タロットカードの魅力にすっかりハマってしまい、いつしかタロットの教室を持ちたいと思い、その夢が17年前に叶い、現在ではお陰さまで占いスクールと占いセッションのお仕事をさせていただいております。

物事の視点を少し変えて見ることも大事

　占いセッションというお仕事をさせていただいてから、これまでに本当にさまざまな年齢層・人生観のお客さまとお話をする機会がありました。人生に行き詰まってしまうと誰もが経験することですが、自分の考え方にとらわれてしまい、視野が狭くなっているという共通点があるものです。

　過去にこんなお客さまがおられました。結婚してご主人のお義母さまとの関係に悩んでおられ、お義母さまから自分の存在は全く必要とされないことで、非常に疎外感を感じるというご相談でした。ただ、そのお客さまはご主人ともお子さまとも特に問題はなく、お義母さまとの問題のみに不満を感じていたようです。その当時、私はお客さまのお話を伺いながら、このようにアドバイスしてみました。「世の中にはお義母さまから執着されたり、面倒を見なければならない方もおられ、そのような方のなかにはあなたのことを羨ましいと感じる方もいらっしゃいますよ」。こう申し上げたところ、目が輝きだし、「私はそのことばかりに悩んでいたけれど、他の人から見たら幸せなのだ」ということに気づかれたことで、すっかり心が軽くなって帰って行かれました。

　このように、一見自分が不幸に思うことでも別の視点から見れば違う景色に映るということもあるものです。今後皆さんが人生で行き詰まってしまった時には、別の角度や視点から物事を見ることで、解決の糸口や新たな気づきを得ることができると思います。

自分の出す周波数を変えることでご縁や運気も変わる

　近年量子力学では、この世界にあるもの全ては、一番小さい単位にすると「素粒子」であるとされています。普段私たちが思っている感情や思いにも周波数があるということなのです。例えば、こんな経験はありませんか。あなたが朝寝坊して、急いで会社へ向かっている時に焦りと

ストレスが顔に出たり、イライラした感情で行動していると、そんな時に限って同じような怒りやストレスがある人とぶつかり、怒りの感情が爆発してしまった。

この原因は、偶然にも同じ周波数同士が引き合ってしまったからだとも言えます。逆に、あなたが穏やかでニコニコスマイルな周波数だと、自然と周囲にいる人とも楽しいコミュニケーションがとれることがあります。このように一見不思議に思えることが、実は自分が発している周波数と関係があるかもしれません。自分自身がネガティブな周波数を出している場合は心を穏やかに落ち着かせ、ポジティブな気持ちを持つことで改善できるでしょう。

また、これも重要なことなのですが、人間関係によって流れが良くも悪くも変化することがしばしばあります。生きていくうえで人間関係は避けて通れない非常に難しいテーマの1つです。あなたがお付き合いする人間関係において明らかにストレスをキャッチしたら、それは自分の周波数と合わないサインかもしれません。上手に距離を取ることも自分を守ることになりますので、心の声に素直に従うことがとても大切だと思います。

日常にちょっとした楽観主義を取り入れよう

私たちは日々時間に追われて生きています。世代によってストレスの度合いはそれぞれですが、時間に追われる生活を送っていると、自分の心と向き合う時間もなかなか取れないのが現実かもしれません。

そして自分の生き方に真面目であるほど、人生に行き詰まった時に必要以上に疲弊し、もっと頑張らなければと思うことで、さらに事態を悪化させておられる方が多く見受けられます。お話をお伺いすると、やはり幼少期の家庭環境がその人の人生に大きく影響しているのですが、厳しい親に躾けられた人は反発するか、その逆に親の期待に応えるべく必死に頑張る癖を子どもの頃から身につけてしまいます。その影響を大人

になっても引きずるため、物事がうまくいかない時に、過剰にストレスがかかってしまい、時には休職せざるをえない状況にまでなってしまいます。

もしそんな思考パターンに陥っていたら、過去の自分を褒めてあげて、もう少しラクに生きてもよいのだと肩の力を上手に抜くことを意識するといいのかもしれません。特に小さい頃から、受験や人との競争ばかりに目を向けなければならなかった環境にいた人は、勝ち負けが人生の目標になっている傾向があるのかもしれません。

世の中にはもっと大切な価値観があるという意識に目を向けることで、心にゆとりを持ちながら、いい意味での「楽観主義」を生活に取り入れてみることをお勧めします。

自分の幸福の価値基準を決めることも大切

これからは、自分なりの価値基準があったほうが生きやすい時代だと言えます。これまでの世の中は物質主義が中心で物やお金・肩書や地位といったことが優先され、またそれが良いことであるという価値観が根強くありました。

しかしこれからは、過去に押しつけられた価値観ではなく、自分らしさという「個人」にフォーカスされる時代となり、人それぞれの価値があり、お互いに自分と他者を認め合うことが大切となってきます。これまでいつも自分を他人と比較して、自己肯定感を下げていた方は、自分にしかない魅力や個性についてもう一度考えてみることもプラスに働きます。現代は情報過多の時代であり、さまざまな情報に振り回されないためにも、自分なりの価値基準を持つことが、生きやすさにつながるのではないでしょうか。

〈プロフィール〉 Jupiter（ジュピター）

ヒーリングサロンNukumori代表・アストロライフカウンセラー
デザイン学校卒業後、グラフィックデザイナーとしてフリーランスを経験後、パソコンインストラクターとしてパソコンスクール、カルチャースクール講師を約14年経験。2007年より占いスクールを立ち上げて、2017年〜「ヒーリングサロンNukumori」をオープンし、占いセッション・占いスクールを運営。

主な実績	［これまでの主な講演・研修テーマ］ ・占い会社新人研修講師（タロット・西洋占星術講座） ［これまでの主なコンサルティング内容］ ・お客さまの人生の目的や意味など（タロット・西洋占星術）個人セッション ・お客さまの人生・恋愛・仕事・人間関係等の悩みに対する個人セッション
対応エリア	横浜・神奈川・東京エリア
その他提供可能なサービス内容	遠方でも出張可能・ZOOMオンラインにてセッション可能
その他の参考情報	［所有資格］ 認知証ライフパートナー アロマハンドセラピスト サイマティクスセラピープラクティショナー
依頼者へメッセージ	現代の生き辛い時代をいかに明るく前向きに生きられるかのヒントやアドバイスなど、これまで17年間セッションした経験を活かし、幅広い年齢層のご相談に対応した助言やアドバイスを致します。
連絡先	ホームページ https://www.madam-jupiter.com/ ブログ https://ameblo.jp/lllljupiter SNS https://www.facebook.com/madamJupiter メールアドレス madam-jupiter@asahinet.jp YouTube youtube.com/@jupitermadamllll

2-6 信条・特徴・取り組み・モットーなど
あなたと、あなたの大切な人の幸せを応援します

自己否定という最大のストレス

心理相談員／宮田 晃

苦しみの裏には自己否定感がある

　私のところには、子どもからシニア世代まで、多くの人からの声が届きます。「お話を聞いて生きる希望が持てた」という声もあれば、「どうすればこの苦しみから抜けだせるでしょうか」といった切実な声もあります。苦しんでいる人の話を聞いて、気づいたことがあります。それは「自分はダメな人間」「生きている価値がない」といった、自己否定感を伴っていることです。

　人は誰でも、失敗したり、嫌われたりすることがあります。ストレスフルでイヤな経験ですが、そのできごとだけで苦しむことはありません。その時、「そんな自分はダメな人間」と自分を否定する気持ちがあるから、自責感や罪悪感が上乗せされ、「イヤな気持ち」を通り越して、苦しくなってしまうのです。

自己否定感を自己肯定感へ

　自己否定感の反対は自己肯定感です。苦しみから抜けだすということは、「自己肯定感を取り戻すこと」と言い換えることができます。自己肯定感とは自分の存在を肯定的に捉える感覚のことです。「ありのままの自分でいい」と感じることです。自己否定感で苦しんでいる自分を、「それでもいいじゃない」と、まるごと受け入れ許すことが、苦しみか

ら抜けだす出発点になるわけです。

　苦しんでいてもいいと思うことで苦しみから抜けだせるなんて、なんだか矛盾していますよね。では、どうすれば「ありのままの自分でいい」と思えるのでしょう。どうすれば、自己肯定感を取り戻し、苦しみから抜けだせるのでしょうか？

　これまでの私の活動のなかで、「気持ちがラクになった」「目から鱗（うろこ）」といった声の多かったお話を、いくつかご紹介します。

感情に善悪はない

　怒りやねたみといった自分のネガティブな感情に苦しんでいる人は多くいます。そういう人には、「感情には善悪はないんだよ」という話をします。

　感情には、「辛い、心地よい」はあるけれど、「良い、悪い」はありません。「あいつを殺したい！」と思っている人がいたら、その人は悪人でしょうか？　もし、私の家族が通り魔に殺されたら、私はその犯人を「殺したい！」と思います。もちろん行動には移しませんが。「行動」は、そう行動することをその人が選んだ結果です。善悪があり責任を伴います。でも感情は自然現象です。善悪はないのです。誰かを嫌いになったり、嫉妬（しっと）したりするのは苦しいことだけれど、いけないことではありません。もし、ネガティブな感情を持つのはダメなことだと誤解していると、どうなるでしょう。ダメな感情を持つ自分を責めてしまいます。ネガティブな感情だけでも辛いのに、それに自己嫌悪が加わり、底なし沼に落ちていきます。

　もし、あなたの大切な人がネガティブな気持ちで苦しんでいたら、「それは辛いね」と受け止めてあげてください。あなたご自身がネガティブな感情に襲われたら、「あー、今、自分は〇〇と感じているんだな」と受け入れてみてください。不快な感情はいつか薄れていき、一歩を踏みだす力が生まれます。

「べき思考」に気づいたら

「〜すべき」「〜してはいけない」という「べき思考」が、自分や相手を否定する気持ちを生むことがあります。そうできない人はダメな人間だと、責めてしまうからです。

　例えば、「何事も頑張るべき」と思っている人は多いです。それって世の中の真実でしょうか？　うつ病の治療をする医師はこう言います。「頑張ってはいけないよ」と。

「思いやりの気持ちを持つべき」ですか？　自分に意地悪をする人に、思いやりの気持ちなんて持てません。

　このように、「べき」が当てはまらないケースはいくらでもあります。ですから「〜すべき」は、「〜したほうがいいこともある」と言い換えて頭の片隅に持っておくことをお勧めします。そうすれば、それが当てはまらない場面に出合った時、相手や自分を責めなくてすみます。

　そのうえで、「今の自分は何がしたいのか」「何が大切なのか」という、心の声に耳を傾けてください。「〜すべき」からいったん離れて、「本当はどうありたいのか」という心の声に素直になることが、誰のものでもない自分の人生を生きることになります。

人の心が醜く見えたら

　親友だと思っていた人が、私のことをねたんでいた……友だちのそんな気持ちに気づくことがあります。「感情に善悪はない」わけですから、その友だちは悪い人ではないのですが、「裏切られた」とショックを受けることでしょう。「自分は誰からも愛されない人間だ」と、自分を否定してしまうかもしれません。

　人は誰でも、いろいろな気持ちを併せ持っています。例えば、友だちがビジネスで大成功したとしましょう。あなたは「おめでとう！」と祝福することでしょう。でも心のどこかに、ねたむ気持ちもあるのではな

いでしょうか。祝福の気持ちの後ろにねたむ気持ちがあったとしても、それは自然なことなのです。

　それに、その気持ちは場合によって変わります。あなたが裕福な暮らしをしているなら、祝福の気持ちが大きくなるし、もしギリギリの生活をしているなら、ねたむ気持ちが大きくなることでしょう。ですから、人の心は虹色で、しかも揺れ動いているのです。

　もし人の心を、「敵か味方か」「白か黒か」で見るとどうなるでしょう。その人のなかにねたみの気持ちがちょっと見えただけで、真っ黒だと思ってしまいます。いつもあなたを傷つける人と無理に仲良くする必要はありません。距離を置けばいいでしょう。ただ、そういう人の心も真っ黒ではなく、白い部分や虹色の部分もあると思うと、少し気持ちがラクになるのではないでしょうか。

自己肯定感は必ず取り戻せる

　赤ちゃんは、おなかがすくと泣いて親を求めます。「自分は守ってもらえる価値のある存在なんだ」と知っているからです。ということは、人は自己肯定感を持って生まれてくるのです。今、自己肯定感を感じられない人は、気持ちを無視されたり傷つけられたりする環境のなかで、それを感じられなくなっているだけなのです。ということは、これからの出会いや環境次第で、自己肯定感を取り戻すことができるということです。どんなに辛くてもいつか必ず抜けだせます。明けない夜はありません。

第2章　悩み・ストレスから解放される方法を伝える

〈プロフィール〉宮田 晃（みやた あきら）

心理相談員
広島市在住。大阪大学卒業。1977年に地元広島の大手自動車会社に入社。会社員時代に、全ての営みは人の心に行きつくことに気づき、心理学を学ぶ。現在は心理相談員として、講演活動や生き辛さを抱える人たちの相談に乗っている。これまでに15,000人に講演を行い、手紙やメール相談のやりとりは27,000通を超える。

主な実績	[これまでの主な講演・研修テーマ] ・地域リーダー、更生支援者、シニア向け「生きがい講演」 ・保護者、子育て世代向け「PTA講演」「子育て講演」 ・小中高生、学生向け講演『自分らしく輝く』他 ・教職員研修『自己肯定感を育てる』 [実績] 江戸川区「区民の集い」、浄土宗保護司会（港区 増上寺）、広島市シニア大学、青少年健全育成大会。学校、公民館、ひとり親家庭福祉連合会、中途失聴・難聴者協会など多数。
対応エリア	全国（広島市近郊以外は、別途旅費をご負担いただきます）
その他提供可能なサービス内容	生き辛さ、人間関係、子育ての悩みに答えるコラム執筆
その他の参考情報	[所有資格] 心理相談員（厚生労働省認可の中央労働災害防止協会認定） 行政書士（有資格者。登録および開業はしていない） [著書] 『この子はこの子でいい、私はわたしでいい』 （ギャラクシーブックス） 幸せに生きるヒントのつまった子育て本。 子育てを終えた世代からも大きな反響 をいただいています。　　Amazon
依頼者へメッセージ	参加者の声：生きている幸せを改めて感じた（70代）／教誨補導の機会が多く、大変実りの多いお話でした（僧侶・教誨師）／反抗期で途方にくれている時にこの話を聞けて、本当によかった（保護者）／自分はこの世界でこんなに大切で、親に見守られていることがわかりました（小4）
連絡先	メール　miyatadna@gmail.com 電　話　080-4266-0535 ブログ　https://ameblo.jp/miyatawsp/　　講演の詳細

2-7 信条・特徴・取り組み・モットーなど

あなたの潜在意識を活用して、なりたい自分になれるメンタルジム

潜在意識を活用して、自分をかなえるメンタルジム

Mind∞eight（マインドエイト）代表／芳武初美

潜在意識の仕組みを学べば、人生は思い通り

　人は誰もが自分の人生を豊かで幸せなものにしたいと願っています。
　けれども現状は、多くの人が仕事や職場・家庭などの人間関係に悩み、将来の不安や病気の悩みを抱えています。
　また、トラウマやネガティブな感情を繰り返し、心の不調を感じて療養を必要とする人も増加しています。

　デジタルやAIなどの技術が進歩して便利な時代になっても、心の問題は太古から変わっていません。人は成長するために悩みながら進化を続けてきました。
　それほど心は、私たちが生きるために日々影響し、時にはコントロールできないほど傷ついて落ち込むことがあります。

　心は不調になると、身体にも影響を及ぼします。心と身体はつながっているからです。
　そして、心の不調を感じる時は、ネガティブ思考のスパイラルを繰り返し、そこから抜けだせなくなっています。
　不安や恐怖症・パニックやトラウマ・自信がない・苦手なことがあるなど、心や身体の不調はコントロールできないと思われがちですが、過

去の体験から、無意識と言われる潜在意識にファイリングされた思い込みや観念を解放（導出）して、新しい視点で「望む姿」を潜在意識にインストールすれば、自分の思い通りに変われることをお伝えします。

私は、潜在意識療法家・潜在意識トレーナーをしています。
ネガティブな思考を繰り返して心の不調を感じている人に、心理療法のNLP（神経言語プログラム）を使ったコーチング、ヒプノセラピー（催眠療法）を使ったトラウマなどの解放セラピーを行っています。セラピストとして資格取得ができるスクールも開催しています。

心のメカニズムを伝えることで、受け身の捉え方から能動的・肯定的に捉えるように変わると、人生は全て思い通りにカスタマイズできて、なりたい自分をかなえられることを「オンライン学習サイト」でも学んでいただいています。
身体を鍛えるジムがあるように、心を鍛えて自分に向き合うメンタルジムとして活用していただき、心を元気に整えていただきたいと思います。

多くの人が知らない潜在意識の役割

人の意識は、顕在意識（自覚している意識）と、潜在意識（無意識のことで自覚していない意識）があります。
顕在意識は意識全体のおよそ10％で、残りの90％が潜在意識です。
意識のほとんどを占める潜在意識は、呼吸や体温調節など自律神経をコントロールしていて、過去の記憶や感情、特に怒り・悲しみ・恐怖・傷心・制限などネガティブな感情の記憶が多くプログラミングされています。そして、この記憶がさまざまな問題や身体の症状・障害をつくりだしています。
大きな特徴として、潜在意識は現実と非現実の区別をつけることがで

きないと言われています。アファメーションなどの肯定的な暗示療法は、この特性を使うことで効果が期待されます。

そして、顕在意識と潜在意識の間には、判断のフィルターがあります。外部からの刺激を顕在意識が判断して、このフィルターで防御しています。このフィルターは、だいたい8〜9歳くらいにできると言われていますが、それまでの幼少期は、外部からの刺激・情報・言われたことを何でも受け入れ、信じ込み、記憶します。そしてこれらの情報や育った環境が、現在の価値観や性格など私たちのベースとなる人格を形成していきます。

成長して大人になっても、幼少期に受けて取り込んでしまったネガティブな記憶は、そのまま潜在意識のなかにあり、傷ついた自分が存在し続けて、さまざまな問題行動や病気・症状を起こしています。この潜在意識の役割や影響については、多くの人には認識されていません。

問題改善の助けになるヒプノセラピーとは

これらの問題を緩和するために、ヒプノセラピーでリラックスして判断のフィルターを緩め、潜在意識にファイルされた不必要な観念や価値観を導きだして解放すれば、問題を改善する助けになります。

ヒプノセラピー先進国のイギリスやアメリカでは、医療の分野でも有効で安全な療法として認められていて、がん等の難病の療法としても積極的に取り入れられています。

ヒプノセラピーでできることとして、問題が幼い頃の体験にあれば、年齢退行療法で過去の記憶を客観的に再体験し、大人の自分が幼い自分の心を癒やす、インナーチャイルド療法を行います。

問題は、幼少期よりもっと遡って、前世と言われる過去生に起因する場合もあります。この記憶を癒やすためには前世療法を行います。

この療法は、アメリカの精神科医ブライアン・L・ワイス博士の著書『前世療法』のなかで紹介され、精神障害に悩むキャサリンという患者に、「あなたの恐怖症の原因となった時期まで遡りなさい」と指示したところ、4,000年前の過去世に戻ってしまいました。この療法を試みる度に、キャサリンは異なる過去世へ戻って行き、今までの治療で治らなかった症状が改善していったことを紹介しています。

出典：『前世療法 米国精神科医が体験した輪廻転生の神秘』
　　　ブライアン・L・ワイス（著），山川 紘矢・亜希子（翻訳）

　ヒプノセラピーは退行系の療法だけでなく、ダイエット・禁煙・目標達成・不眠改善・自己実現などの願望達成の療法もあります。ご本人のなりたいイメージの分析をセラピストと協力して行い、肯定的で効果的な、願望が達成したイメージの暗示を催眠状態で入れることで、実現していきます。

NLPコーチングでできること

　人によっては、退行のヒーリング系より実践的なサポートを望まれる場合がありますので、NLPの心理学を使用した、自分のタイプ診断、思考のもととなるご本人の価値観（バリュー）、個人史などから問題解決のサポートを行います。人は五感を通して、脳内で表象したものを潜在意識にプログラムしており、否定的な感情や価値観があれば、肯定的で望ましい姿を実現させるためのプログラムに置き換えていきます。
　ネガティブな感情に紐づく過去の体験についても、タイムラインセラピー®という、時間軸でネガティブな記憶を肯定的に書き換えることができます。
　ヒプノセラピーやNLPセッションの後、トラウマが緩和され、否定的

な感情が癒やされたという体験談を多くいただいています。最初にお会いした時とは別人のように元気になられた方、見た目が変わり、問題が気にならなくなった方など、意識がポジティブに変化されます。意識が変化すると自分に起こるできごとも肯定的に変化します。自分だけでは改善できなかったお悩みが解消へと向かうのです。

なりたい自分をかなえるメンタルジム

個人的なお悩みやストレスがあっても、それはあなたのせいではありません。過去のネガティブな体験でファイルされた記憶と感情が影響しているだけなので、今のあなたに必要のない記憶と感情を手放すことで、とらわれていたことから自由になれます。視点が変わり、見える世界が変わり、自己実現できるのです。ぜひ、オンラインで学べる「なりたい自分をかなえるメンタルジム」を活用してください。

メンタルジムでは、「起業家やエグゼクティブの方向け」「個人の方向け」コーチング・セラピーなど、個別のパーソナルセッションも行っています。実現したいことやお悩みを深くお聞きし、ハードルになっていることを潜在意識の面から読み解いて肯定的に変えていきます。

一人ひとりが自己実現するとモチベーションが上がり、社会が活性化されて元気になります。

満たされた人たちの家庭環境や人間関係などのコミュニケーションが豊かになり、会社などの組織でも同じことが起こります。また、社会が元気になることも企業に好影響をもたらし、そのポジティブな循環はそこに生きる人たちに戻ってきます。

一人でも多くの人が、ご自身に向き合えてより良いパフォーマンスを発揮し、自由に幸せを感じられるようになるためのサポートをさせていただきたいと考えております。

〈プロフィール〉**芳武 初美**（よしたけ はつみ）

Mind∞eight（マインドエイト）代表
潜在意識療法家・潜在意識トレーナー・ヒプノセラピスト
子育て中、不眠や過呼吸などの体調不良を経験し、不安障害と診断される。改善のために各種心理療法、アロマセラピー、潜在意識、成功哲学に興味を持つ。自宅近くにあったヒプノセラピーサロンにてセラピーを受けると気づきがあり、症状が改善していった。潜在意識と身体のつながりや癒やしの力を感じ、経験を活かして同じように悩む人のサポートをしたいと考えて自らもヒプノセラピーを学び、相談者に寄り添うセッションを行っている。

主な実績	[これまでの主な講演・研修テーマ] 潜在意識を活用したヒプノセラピー体験ワーク／ABH（米国催眠療法協会）マスターヒプノティスト資格養成講座 [これまでの主なコンサルティング内容] ヒプノセラピー個人セッション／NLPコーチング セッション経験は延べ800件以上
対応エリア	オンライン：全国他海外も可能　対面：大阪・奈良・京都
その他提供可能なサービス内容	NLPコーチング／ヒプノセラピー（催眠療法）／エグゼクティブ・個人　各パーソナルセッション／ABH（米国催眠療法協会）マスターヒプノティスト資格養成講座／オンライン学習サイト／女性専門電話カウンセリング
その他の参考情報	[所有資格] ABH（米国催眠療法協会）：トレーナー／NGH（米国催眠士協会）：ヒプノセラピスト／全米NLP協会認定：マスタープラクティショナー／タイムライン・セラピー®認定：マスタープラクティショナー／全米NLP協会コーチングディビジョン：マスタープラクティショナーコーチ [著書] 『ヒプノセラピーが教えてくれるあなたの幸せと使命と心の旅』（ギャラクシーブックス）ほか、電子書籍4冊
依頼者へメッセージ	ヒプノセラピーは催眠療法です。日本ではまだ認知度が低い分野ですが、心の問題を改善するには潜在意識の活用が不可欠だと感じております。潜在意識を活用した療法は、心理学者であり、精神科医のジークムント・フロイトにより提唱され、根本的な心の問題解決には必要な療法だと確信しております。
連絡先	ホームページ https://mind-eight.com/ メールアドレス info@mind-eight.com

第3章

チャレンジ・冒険心で人生を変える秘訣を伝える

　マンネリな毎日から脱して、もっと刺激的な人生を送りたい！ そう思ったことはありませんか？
　そこで本章では、7名の講演講師・コンサルタントのそれぞれの切り口から、毎日がワクワクする！ チャレンジ精神・冒険心・探求心で人生を変える秘訣をお伝えします。
　著者自らが実践していたり、これまでに経験したことからお伝えする内容は、日常に変化をもたらし、新しい発見や新たな喜びづくりにつながることでしょう。
　本章のテーマでの講演・研修・セミナーを実施することにより、参加者自身の幸福度を高めたり自らの可能性に目覚めたりするなど、参加者に人生や仕事の転機をもたらすきっかけとなります。

3-1 信条・特徴・取り組み・モットーなど

お客さまの笑顔を創るシニア起業家

チャレンジに"遅い"はない！
ワクワク・ドキドキ人生の秘訣

合同会社オフィスTARU代表社員／上水樽 文明

はじめに

「楽しそうな人生を送ってそうだね。君と話していてワクワク感があるよ、本当に起業して良かったね」。シニア起業して10年目、65歳になる私に、最近定年を迎えた友人たちからもこうした声をいただくようになりました。

というのも、もともと早期退職制度もない最後まで面倒見の良い会社勤務でした。もちろん私自身も大好きだった会社です。大卒プロパーで33年間勤めてきた会社を、何で今さら退職するのか。10年前、皆から「諸事情があるにせよ信じられない行動」と忠告を受けたからです。

この10年の間でもコロナ禍をはじめとして世情はかなりの変化を遂げ、働き方もますます多様性を求められる時代になってきました。また2025年には日本の人口の実に30％、約3,700万人が65歳以上になると推計されています。

ご承知のように、終身雇用・年功序列を前提とした日本型雇用も崩壊しつつあります。世の中に目を向けると定年後の長い人生に悩み始める人も少なくありません。

人生100年時代という超高齢社会に突入し、生産年齢人口の減少、社会保障費の増加、健康寿命延伸の必要性が問われるなか、定年を見据えて1つの選択肢でもあるシニア起業を目指す方々もさらに増えてきてい

ます。

年金＋小さく稼いで社会貢献していくスタイルのシニア起業、副業

　そのような意味合いでも、著名な方々の起業本やセミナー募集などが数多く見られるようになりました。でも私のようなごく普通のサラリーマンからシニア起業した者の本やセミナーはあまり見かけません。

　そこで、ほとんどを占める普通のサラリーマンの方に、同じ目線で良くも悪くも経験に基づいた生の声を届けてほしいという一定のご依頼が寄せられております。

　サラリーマンを長く続ければ続けるほど、組織人としての生き方を学べるものです。私も55歳まで大企業にいて、多くの学びを得ることができました。したがって、シニア制度さえあれば、70歳くらいまで組織人として働くのももちろん選択肢の1つです。

　「起業」と聞くと別世界のことのように思われがちです。しかし、私のなかにあるシニア起業は、肩肘を張らずに好きなことで、年金＋小さく稼いで社会貢献していくスタイルです。言わばグライダーのように省力化しながら70歳、80歳……と楽しく元気で長い人生を滑走したい。そのようなイメージを実践している一人に他なりません。好きで飽きないことを地道に正しい方法で続けさえすれば、なんとかなるものだと信じております。

　人生100年時代、シニア起業を選択肢として捉え、「無理せずストレスを溜めることなく、ワクワクしながら心も健康的に生きたい」、そのようにお考えの普通のサラリーマンの方々が、「この人が続いているのであれば、私もシニア起業できる！」と自信を持って決断できる、そのような役割をドキュメンタリーとしてお伝えできたらと思います。

人生100年時代に働き続けることの楽しさの意味合い

　「定年まで家族を養うために我慢して一生懸命に働いてきた。定年後は

少しでもゆっくりしたいのに、なぜ今さら、また嫌な思いをして働く必要があるの？」。昭和の頃の企業戦士を彷彿(ほうふつ)とさせるような話を耳にすることがあります。ましてや、長きにわたって会社に忠誠心を持って働いた会社人間の方ほど、そのような気持ちになるようです。

さらに、奥さま方もサラリーマン家庭の「安定した生活の価値観」が当たり前だとして、昭和の企業戦士にその価値観を浴びせたのではないでしょうか。その結果、「亭主元気で留守がいい」という、世知辛い決まり文句が生まれたような気がしてなりません。よほど愛されている亭主は例外として、定年後ゆっくり家でゴロゴロできる世の中でもないのです。

余談となりましたが、ここでのポイントは、「なぜ今さら、また嫌な思いをして働く必要があるの？」です。まさにおっしゃる通りかと思います。人間関係などで我慢が長く続いただけにストレス社会の被害者だという意識もあるでしょう。確かに、受け身でやらされ感モードに入って仕事をこなすならば、それは辛いものに他なりません。メンタルヘルスに及ぼすマイナス要因にもなります。

でも嫌な思いさえ取り除けば、勤務時代に磨いたスキルを持って取り組む仕事とは、本来楽しいもののはずです。「仕事人間」ではなく、「会社人間」としての比重が高くなりすぎた結果、単純なことを複雑に考え、嫌な思いをしてという発想に陥ってしまっていただけなのです。

本来、仕事とは自分の「裁量」で楽しむべきもの

自分の経験談です。シニア起業してから、正直言って嫌な思いをしたことがほとんどありません。勤務時代に巡り合い、一生懸命に取り組んで好きになったジュエリーの仕事、これを今は自分の「裁量」のなかで立案し、スケジュールを埋めていく、その作業の連続なのでストレスもありません。組織ではないので人間関係に煩わされることもありません。ネガティブな人と無理してお付き合いする必要もないのです。

私はお客さまの笑顔をつくるために、付加価値を創出することだけに一点集中しております。その準備がまた楽しいのです。準備の段階でとやかく言われることもなく全てが自分の「裁量」の範囲なのです。ですから、夜にベッドに入った時に、明日、起きるであろうできごとを想像して、ワクワク感で眠れないことさえあります。実際に身体も免疫力が高まるような気さえするのです。病は気から……と先人たちはよく言ったものです。楽しみながら、ほどほどに働き続けることは、健康寿命に大きく影響すると信じております。

　ないものに憧れるのではなく、自分の持って生まれた天分や才能を十分に活かして生きる、それこそ「足るを知る」ことが、人生100年時代を生きる立ち位置となることは間違いありません。

「どこに勤めていたか」ではなく「何が自分にはできるか」

　日本のように終身雇用・年功序列で守られていた企業社会、特に大企業で働く多くの人は、十分に人生設計ができて「安定した生活」の絵が描けておりました。そのために、自分たちの世代、今の50歳以上の世代は、会社のために時間を費やすことを優先させてきた人たちばかりだと思います。結果として組織人としての立ち居振る舞い、生き方は存分に学んでこられたでしょう。それだけに、いつしか自分への関心事も横に置き忘れていたのではないでしょうか。

　人生100年時代を楽しく生き抜くために「どこに勤めていたか」も大切ですが、もっと大切なことは「何が自分にはできるか？」なのです。

　また、会社で必死に取り組んできた仕事が、シニア起業の芽になることは間違いありません。会社を退職した時点で、自分から見える世の中の景色も一瞬にして変わります。グローバル社会となった今、欧米のような狩猟民族型、いわゆる個のスキルを活かすことがますます求められ、長い人生を歩む時代に移行しております。

事業はテーマ選びよりも「できること、好きなこと、やりたいこと重視」がいい

※セミナー例(鹿児島市主催)

シニア起業は、ゼロからのテーマ選びよりも、第一に「学んだスキルをもとに、**できることを食い扶持(ぶち)にすること**」、第二に「比較的実現可能な**好きなこと**を直近のビジョンとして掲げること」、第三に「遠い夢でも実現したい、**やりたいことを明確にすること**」です。それを引っ張るのがミッション、大義となります。できることを食い扶持にしながら、好きなこと、やりたいことを目標にワクワクしながら実現していく生き方です。

【起業後に実践した10の行動】

①サラリーマン時代と変わらぬ生活のリズムを保つ(自分を律する)
②人さまとのご縁を大切にする
③優先順位が仕事の効率を上げる
④好きなこと、やりたいことが「義務感」に陥らないようバランスをとる
⑤うまくいっても調子に乗らない
⑥お客さまが喜ばれる姿をイメージして仕事に取り組む
⑦1つひとつの取引が「三方よし」になっているか考える
⑧広告ではなく「広報」に努める
⑨地元とのつながりを見直す
⑩趣味においても「真・善・美」に触れる機会を増やす

第 3 章　チャレンジ・冒険心で人生を変える秘訣を伝える

〈プロフィール〉**上水樽 文明**（うえみずたる ふみあき）

合同会社オフィスTARU代表社員、一般社団法人アールイー理事
1959年鹿児島県生まれ。
1982年3月大学卒業後、京セラ株式会社入社。以来33年間、主に宝飾応用商品事業部に在籍。東京外商営業責任者、クレサンベール銀座店 店長、新陶芸営業部責任者等に携わる。
2014年6月55歳を機に京セラ株式会社退職。
2015年4月東京銀座を拠点に合同会社オフィスTARUを設立。ジュエリー・生活雑貨の企画および販売、イベント＆催事の企画運営を開始、現在に至る。
2023年6月地域再生のため設立された一般社団法人アールイー理事として参画。

〈所属団体〉
東京商工会議所、鹿児島大学アカデミーロータリークラブ、京橋法人会、京セラ敬愛会

主な実績	・鹿児島市主催、セカンドステージ起業チャレンジセミナー「サラリーマンからのシニア起業術」講師 ・産経アドス企画「煌めくオンリーワン・ナンバーワン企業（2023年増補版）」掲載 ・週刊東洋経済「定年格差・失敗しないシニア起業術」 ・日経MJ新聞「50歳からのゆる起業」 ・南日本新聞「鹿児島 人物語」 ・夕刊フジ「定年起業への挑戦」「定年起業 私の事業計画書」「定年起業への挑戦 実践編」 ・週刊AERA「人生100年時代の働き方」 ・キャリア教育情報誌「しごとびと」他多数掲載
対応エリア	全国
その他提供可能なサービス内容	―
その他の参考情報	［著書］ 『サラリーマンからのシニア起業術』（セルバ出版）
依頼者へメッセージ	健康寿命の延伸とともに2025年には65歳以上が約3,700万人に達します。普通のサラリーマンがシニア起業した経験をもとにドキュメンタリーとして同じ目線で語れることが強みとなります。50代前後からのサラリーマンの皆さまへ自信をお届けできれば幸いです。
連絡先	ホームページ：http://office-taru.co.jp/ SNS：https://www.facebook.com/office.taru メールアドレス：uemizutaru@office-taru.co.jp

3-2 信条・特徴・取り組み・モットーなど
「そのアナタの幸せの基準、高くないですか？」
～志は高く　Go beyond your limits!! ～

そのアナタの「幸せの基準」高くないですか…？
～志は高く　Go beyond your limits !!～

株式会社セールスヴィガー 代表取締役／大西芳明

プロローグ～「天国」と「地獄」を経験したからこそ伝えたい思い

　私は神戸市の三宮出身、京都の立命館大学を卒業後、大手専門商社Y社に入社。新人時代に当時急成長していた株式会社リクルートの役員からスカウトを受け社会人2年目に転職。リクルートには15年間在籍し、さまざまな事業に営業担当者、管理職として関わり、またインターネットの黎明期にインターネット事業の立ち上げを担いました。

　リクルート退職後はいろいろ人生の荒波に揉まれながら、株式会社パソナなど人事系事業会社の役員や関連会社の代表を数社務めました。また会社経営に関わりながら、国立大学法人「東京大学」の渉外部に在籍、企業と東京大学の懸け橋になるプロジェクトに職員として参加しました。その後、リクルート時代から親交を深めてきた経営者M氏が率いる楽天株式会社（現・楽天グループ株式会社）に取締役として就任、楽天社員の社員採用、育成部門、事業としては楽天市場などの管掌役員を務めて参りました。2015年に楽天を退任後、独自の商品やサービスもないなか、「営業」を生業とする現在の会社をたった一人で立ち上げました。

　こうした経歴をご覧になり、私が何の苦労もなく順風満帆でそこそこのキャリアを送ってきたと感じた方もいるのではないでしょうか？　実はそうではありません。リクルートを退職した後、自信満々であるオーナーの下で起業した会社をさまざまなトラブルに巻き込まれて破産させ

てしまい、関係者に多大なるご迷惑をかけてしまったのです。破産の原因はさておき、会社の代表取締役として、倒産という「地獄」を経験したわけです。破産宣告のボタンを押す時の決断と覚悟、同時に人としての情けなさ、不甲斐なさは、今でも胸が痛くなる思いがするほど鮮明に記憶に残っています。41歳の厄年のタイミングでした……。

この時、本当に会社が潰れるとどうなるのか? を思い知らされました。世の中での信用数値がゼロ! という事態を初めて経験しました。周囲の冷ややかな目、社会人生活20年間で積み上げてきたものが一夜にして崩壊。私のビジネスでの世界は終わったと。でも、諦めなかった。

そんな経歴を持つ私だからこそ、幸せについて言えることがあります。ビジネスパーソンにとって大きな意味を持つ「幸せの基準」と「志」のあり方について、僭越ながらこの本を手にする皆さまに何らかのヒントをご提供できたらと思い、筆を執った次第です。

「幸せの基準」をどこに置くか

幸せについて考える時、ポイントとなるのが「幸せの基準」。人生では誰もが滞りなく順調に進むことを望みます。しかし、そんな都合の良い話はなく、最初からうまくいくことはありません。にもかかわらず、そこに「幸せの基準」を置く人がいます。たまたまラッキーでうまくいくことがあっても、それは偶然の産物で、その状態が継続していくとは限りません。しばらくすると、否応なく限界が訪れます。人は最初からうまくいくと、努力しなくなるからです。目標は一夜にしてできることはなく、幸せも一歩一歩、努力を積み上げていく先にあるものです。

そして、幸せをつかむには、ポジティブでなければなりません。好きでやっているなら、日々、自分自身と向き合うこと。結果が出ていなくても、ひたむきに努力し続けている人は、周囲に好影響を与えます。勇気づけ、元気づけます。他方、努力をしない人は、周囲に勇気や元気を与えることはできません。結果、職場の雰囲気にも大きな差が出ます。

「心の健康」と「身体の健康」

　あなたが成長したいと願うのであれば、常に健康体を意識することです。健康体には、「心の健康」と「身体の健康」の2つがあり、「身体の健康」の不調は、「心の健康」が原因となって生じます。人間関係などがネガティブな状況下に置かれ、不安や不満、イライラ感が蓄積しストレスが発生。それが身体に影響を与えるのです。

　問題は、それは自分自身が蒔いている種だということ。健康への影響度合いは、自分自身の「心の持ち方」に関わっているからです。健康体の源となるモチベーションは人から与えられるものではありません。モチベーションを向上させるには、自らを鼓舞できる「装置」を持っているかどうか、ここがポイントです。それは、自分の中にある「原点」と言い換えることができます。なぜなら人は、与えられたものや目標では燃えません。だからこそ、自分のルーツとなる「原点」を忘れてはならないのです。

夢や目標を見つける方法

　では、夢や目標がない、思いつかない人はどうすればいいのでしょうか？　この問題へのアプローチには、以下の2つの方法があります。

　1つめは、今目の前にある与えられたことへの対応。やりたいとは思わないけれど、生きていくうえでやらなくてはいけないことは誰にもあります。そのことに真正面から向き合った時、夢や目標が「逆方向」に見えてきます。それを見逃さないこと。そして、試してみることです。

　2つめは、世の中のことを徹底的に知ること。自分と異なる経験やバックボーンを持つ人など、多様な人たちと出会った時に、「それ、いいな！」と思う瞬間があります。その先に、夢や目標を発見する可能性があります。いずれにしても、自分から動かない限り、夢や目標は見つかりません。

目標は「通過点」である

　そして、「志」について。「志」は、夢や目標とは違うものです。数値では捉えきれない何か抽象的で曖昧なもの。ありたい姿、目指していきたい方向など、自分自身のモチベーションを喚起するものと言えます。

　もちろん、夢や目標は大事ですが、決めつけないこと。早い段階から「売上100億円の会社をつくる」「〇年以内に上場させる」と定めたとしても、それは1つの「通過点」。一方、「志」はそうではありません。

　MLBの大谷翔平選手はワールドワイドの舞台で、一流のプレーヤーになる「志」を持っています。しかし一流のプレーヤーは、必ずしも数字で表せるものではありません。大谷選手は、目標としてホームラン王などの「通過点」を大事にしてきただけで、そこで終わりません。その先にある新たに限界を超えていこうとする「Go beyond your limits !!」。そこに大谷選手の「志」があります。

困難をしなやかに乗り越え回復する力「レジリエンス」

　目標は「通過点」であることに気づいたなら、毎日の失敗につまずいて、気に病んでいる場合ではありません。そこで求められるのが、困難をしなやかに乗り越え回復する力「レジリエンス（resilience）」。人生もビジネスも、最初からうまくいかないようになっているのです。仕事やゴルフでうまくいかないこと、ストレスを感じることがあったら、仕事は仕事で、ゴルフはゴルフのなかでリカバーするしかないのです。

　繰り返しになりますが、幸せの基準が高すぎると次の一歩が踏み出せません。「ああ、うまくいかなかった……」と重く感じ、ずしりと伸しかかってくる。停滞感を自分自身で決めてしまうことになります。だから「Go beyond your limits !!」。ビジネス社会で「天国と地獄」を経験した私だからこそ、このメッセージを贈りたいと思ったのです。

　ちなみに私の「幸せの基準」は、名刺をもらうことに置いています。

〈プロフィール〉 大西 芳明(おおにし よしあき)

株式会社セールスヴィガー 代表取締役
神戸市三宮出身。神戸高校・立命館大学卒業。
ユアサ商事株式会社を経て、株式会社リクルートに中途入社さまざまな事業や役職を経験、リクルート初のインターネット事業の立ち上げを担う。その後、株式会社パソナ等の役員や関連会社の代表等を歴任。同時に、国立大学法人東京大学の非常勤職員として同校と企業との懸け橋を担う。
2007年楽天株式会社に執行役員としてjoin、翌年取締役就任。
CEO補佐、経営企画室室長兼採用育成部部長等を兼務、楽天市場事業の営業管掌役員も歴任。
2015年5月株式会社セールスヴィガー設立、代表取締役就任。最近では、テレビにも出演(テレビ朝日「激レアさんを連れてきた。」、テレビ東京「正解の無いクイズ」など)。

主な実績	[これまでの主な講演・研修テーマ] ・大西が代表を務める株式会社セールスヴィガーが主催する「営業LIVE」は10年間で35回開催してきた。参加企業数は毎回35社から50社、参加人数はMax400名を超え、平均で150名。毎回このイベントにて講義講演を行っている。 ・営業担当者向け・営業マネジャー向け・営業部長向け研修多数　年間150回開催 [これまでの主なコンサルティング内容] ・大手HR系上場企業にて営業戦略コンサルティング ・大手インターネット広告系上場企業にて営業系人事コンサルティング ・大手化学メーカー上場企業にて人事コンサルティング
対応エリア	東・名・阪・九州を中心に活動
その他提供可能なサービス内容	法人営業代行 人事各種制度設計
その他の参考情報	[所有資格] TOEIC 800 [著書]『サムライ営業』(経済界)・電子版　KADOKAWA
依頼者へメッセージ	営業職、かつ管理職を対象にした内容が最も強みです。さまざまなエビデンスに基づきながらも、上辺の知識や聞き学問に頼らずに実戦経験の裏付けを大切に講義・講演を行います。
連絡先	ホームページ https://www.sales-vigor.com/ メールアドレス yoshiaki.onishi@sales-vigor.com

3-3 信条・特徴・取り組み・モットーなど
起業&広告コンサルタント

人生には限りがあっても、挑戦には限りなし！

T'sサポート合同会社代表／戸恒貴文

一般論よりも自分自身の「可能性」に目を向ける

　私は、高校の英語教師を20年間務めたのちに起業しました。そして現在は、かつての私と同じ教師や公務員など、ビジネスの経験がない方々の起業をサポートするとともに、広告コンサルタントとして主にひとり起業家の方々の集客を支援しています。

　公務員、特に教師には、「最後まで勤め上げるもの」という一般的なイメージが根強くあります。また、他の道を選ぶことになった場合でも、起業という選択をする人は決して多くありません。私はそのレアケースの一人ということになるのですが、実際に自分で起業して、またクライアントの方々の支援をして、「教師のスキルや経験は起業に活かせる」ということを実感しています。

　「教師は潰しのきかない仕事」と考えている方も多いかもしれませんが、決してそんなことはありません。むしろ私は「教師をしていたからこそ、起業の道が大きく広がった」と考えています。

　世間一般のイメージになんとなく乗っかっていればラクかもしれませんが、それで一回限りの人生の「可能性」にチャレンジしないとしたら、本当にもったいないですよね。

　ここでお伝えする私の話が、現状を打破したい教師や公務員の方々、あるいは、今の自分の仕事や人生にモヤモヤとした思いを抱えておられ

る方々が、新たな一歩を踏みだす際の参考になれば嬉しいです。

「起業」は自分の人生をデザインすること

　新しい一歩を踏みだすには「転職」を含め、いくつかの道があります。そのなかで私は「起業」という選択をしました。現在の安定した環境から抜けだし、新しいことを始めたいと考えている人には、働き方・生き方そのものを変えたいという想いがあるはずです。そうした人が転職しても、人に雇われて働く状態は変わりませんから、期待したほどの変化は実感できないかもしれません。

　一方、起業であれば、自分で好きな働き方が選べます。より高い収入を追求することができれば、収入はそこそこでも、より自由でゆったりとした時間が持てる働き方を選ぶこともできます。もちろん、誰でもすぐに簡単に収入を得られるわけではありませんが、1つずつ、じっくり堅実に積み重ねていくことで、自分の人生をつくり上げているという実感が得られるでしょう。そうして自分の仕事と人生をデザインできることが、起業の大きなメリットです。

「教師や公務員の仕事しか知らない自分が起業なんてできるだろうか」と思う人も多いでしょう。普通の会社員にとっても起業はハードルが高いですから、副業経験すら得ることが難しい教師や公務員ならなおさらだと思います。でも、考えてみてください。起業の材料になるのは、すごくなくても「人より知識や経験があること」であったり、「弱み」や「ネガティブな経験」すら強力なリソースとなりえます。教師や公務員の仕事は誰にでもできるものではありませんから、その仕事に就いた経験のある人なら、何か1つは当てはまるものを持っているのではないでしょうか。特に教師の場合は、「教えるスキル」「面談スキル」「セミナースキル」「教材作成スキル」「ライティングスキル」といった能力が、起業の際の強力な武器になります。また、教師になる方は、人の役に立ちたいという貢献意欲が高い人が多いですから、顧客と良好で継続的な

関係を築くうえでも、大きなプラスになると思います。

「勉強」ではなく「実践」を

　起業はしてみたいけど「やりたい仕事やできそうな仕事が思い浮かばない」という方もいるでしょう。そういう人は、何をやるかは起業してから決めればいいのです。そんな無計画でいいのか？　と思うかもしれませんが、そもそも起業では、物事が計画的に進むことはまずありません。また、これをやろうと決めたことも、時間が経てば変わるものです。実際、私自身も当初は翻訳業をやろうと考えていたものの、軌道に乗るまでに時間がかかるとわかって方向転換をしました。そして現在は、起業のコンサルティングと、Web広告の運用やコンサルティングなどを事業にしています。いずれも起業してから「実践」しながら身につけたものです。

　全くの無計画ではなく、おおまかな方向性を決めておく程度に捉え、とにかく「実践」を意識してください。ビジネスの勉強や完璧な準備に時間をかけたい気持ちはわかります。しかし、完璧な準備がないと動けないというのでは、いつまで経っても起業することはできません。今からできる小さなことから始めることをお勧めします。そうするうちに、自然とあなたがやりたい、できるビジネが固まってくるはずです。

起業への挑戦に「失敗」などない

　そうはいっても「挑戦してみたいけど不安で踏みだせない」「収入が得られなかったらどうしよう」と思う方も少なくないでしょう。

　でも、起業に限らずどんな挑戦も「やってみなければわからない」のです。挑戦とは、これからの自分の可能性を信じることです。なので、やってみることでしかうまくいくかどうかを判断することはできません。頭のなかで何カ月・何年と悩んでいたところで解消できる不安はないのです。まず小さなことから動きだしてみる。そうすることで、だん

だんと光が差してくるものです。

　私のクライアントさんは教員の方々が大部分ですが、起業やビジネスという新しい世界に触れることで、ものの見方や捉え方、さらには生き方が変わるケースは珍しくありません。そのうえで、これまでの教師という仕事の捉え方に変化が生じ、もう少し新しい自分で教師を続けてみようという人もいらっしゃいます。これは起業に失敗したのではなく、新しい一歩を踏みだしたことで起こる成長・変化です。実際に一歩踏みだしてみることでしか得られない結果です。

　そもそも起業への挑戦に「失敗」というものはありません。すぐに簡単にうまくいくものではありませんから、テスト・改善の繰り返しでだんだん良くなっていくプロセスこそが起業です。もし失敗するということがあるとするなら、「すぐあきらめる」という選択をした時です。

あなたの人生にも"ジャイアント・キリング"を

　私は英語教師のかたわら、4つの高校で、野球と女子ソフトボールの監督を10年ずつ務めました。なかには、部員の8割が高校から始めた初心者、というチームもありました。そうした生徒たちでも、できることから地道に練習していけば、必ず上達します。すると、生徒たちの練習への姿勢や目の色が変わってきます。「勝ちたい」という意欲も湧いてきます。そしてついに、素人同然だったチームが県内の強豪校に勝利する、という経験を度々してきました。私が「ゼロからの起業でも大丈夫」と自信を持って言えるのは、この経験があるからです。

　できないと思われていたことをやってのける。自分の成長に自分自身が驚く。そんな爽快感を、あなたも味わってみたくはありませんか。自分を信じて、挑戦に向けた一歩を踏みだしてください。あなたの"ジャイアント・キリング"は、きっとそこから始まります。

第３章　チャレンジ・冒険心で人生を変える秘訣を伝える

〈プロフィール〉**戸恒 貴文**（とつね たかふみ）

T'sサポート合同会社代表
1978年新潟県出身（埼玉県出生）。獨協大学英語学科卒。高校英語教師を20年間務めるかたわら、大学までの野球経験を活かし、野球部と女子ソフトボール部の監督を務める。その後新たな挑戦として起業し、現在はビジネス経験ゼロの教師や公務員の起業をサポートするとともに、広告コンサルタントとしてひとり起業家の集客を支援している。

主な実績	[これまでの主な講演・研修テーマ] 『Powered by TV〜元気ジャパン〜』（TOKYO MX）出演、『やりたいことを極めた大人がカッコイイ！「私のカクゴ」』出演、ニッポン放送Podcast『竹内由恵のT-Times』出演、『Japan Quality』インタビュー掲載 [これまでの主なコンサルティング内容] 現役教師・公務員を中心に100名以上の相談実績。公式メールマガジンの登録者は1,000人を超える。常時20〜30名程度のクライアントを抱えながらも一人ひとりに寄り添う個別の伴走サポートを提供。広告コンサルタントとしては、売上が数千万〜億を超える起業家のWEB広告集客を支援している。
対応エリア	全国（オンライン）
その他提供可能なサービス内容	―
その他の参考情報	[所有資格] Points of You®認定 Practitioner ３級ファイナンシャル・プランニング技能士 [著書] 『これまで誰も教えてくれなかった教師の起業術』（Kindle版/Amazonランキング15冠、ベストセラー獲得）、『ゼロから始めるあんしん起業マニュアル』（Kindle版/Amazonランキング15冠）
依頼者へメッセージ	起業に今の職業や年齢などは関係ありません。人生は一度きりだけど、挑戦は何歳になっても何回でもできます。自分自身の可能性をあなた自身が信じてみてください。
連絡先	ホームページ https://ts-marketer.info SNS https://www.instagram.com/ts_support_marketing メールアドレス support@ts-marketer.info

3-4　信条・特徴・取り組み・モットーなど

スポーツで未来をつくる、不屈のグローバリスト

アフリカで野球!? やり抜くチカラで挫折を乗り越え夢を叶える

一般財団法人アフリカ野球・ソフト振興機構（J-ABS）代表理事／友成晋也

世界が尊敬する日本人100に選ばれたフツウの人

　ニューズウィーク誌が2021年「世界が尊敬する日本人100」に、野球界から3人を選出しました。大谷翔平さん、ダルビッシュ有さん、そしてもう一人は、私。日本の野球界では無名の私が選ばれた理由は何か。実は私は、アフリカの野球界では知られた存在になっているのです。

　そもそも私は野球人。10歳で野球を始め、高校では甲子園を目指し、大学では早慶戦出場を目指して、本格的に野球を続けました。しかし、大学時代には人生最初の挫折を味わいました。早慶戦どころかベンチにすら入れず、自信を失い、もがき続けた4年間でした。

　大学を卒業後、バブル絶頂期に不動産会社リクルートコスモスに入社するや否や、リクルート事件、バブル崩壊で、会社も業界もお先真っ暗。自分の未来をどうやって描けばいいのか、迷った挙句、転職。大して英語もできないのにJICAに拾ってもらいました。

　そして、大きな転機が訪れたのが、最初の海外赴任地であるガーナ。JICAガーナ事務所の所員の私が、ひょんなことからナショナル野球チームの監督に就任し、仕事のかたわらオリンピックを目指すことになります。再び野球と真剣に向き合うことになった私は、以後30年近くにわたり、ガーナをはじめ、アフリカ各国の野球振興と関わり続けることになりました。そんな私の長年の取り組みが、ニューヨークタイムズに

「アフリカで野球を根付かせた日本人がいる」と記事になったことが、「世界が尊敬する日本人100」に選出された理由のようです。

アフリカで気づいた野球のチカラ

　私は講演でよくこのお話をします。ガーナ、タンザニア、南スーダンと３カ国に赴任する度に野球道具を持参し、現地の人に野球を伝え続けてきました。

　しかし、アフリカは野球不毛の地。時には野球を全く知らない人にゼロから教えないといけないことも。その過程で、言語や文化、風習が全く異なる人たちとのコミュニケーションを通じ、日本にいたら全く感じなかった「３つの野球のチカラ」を学ぶことになりました。そのなかの１つに、「人づくりのチカラ」があります。アフリカでは今や、「野球をする子は成績が上がる」と言われています。日本の野球を通じて自然と学ぶ「規律」「尊重」「正義」といった価値観が、アフリカの選手たちの人間性を高め、学業にも好影響を与えたのです。

　こうした気づきは、私の野球観を変えました。目的を野球の普及から人づくりに転換し、そのためのメソッドを開発しました。また、野球を通じた人づくりは、ビジネスシーンでの人材育成にも通じることに気づきました。「アフリカの人づくりから学ぶセミナー」と題した企業研修を実施し、日本の社会に還元しています。新人・中堅・管理職向けに、従業員の意識改革、想像力、俯瞰力、心理的安全性、パフォーマンスの向上、チームワーク、協調性、業務改善などに有効なワークショップと講話をセットで提供しています。

アフリカのポテンシャルとギャップ

　私はJICAに長年勤務していたこともあり、アジア、中近東、中南米など合計56カ国の訪問歴（欧米などのプライベート旅行含む）があります。世界５大陸を走り回ってきたなかで、イメージと最も大きなギャッ

プを感じるのが、アフリカです。

　21世紀は、地球最後のフロンティア・アフリカの時代だと言われますが、その実情を知る日本人は非常に少ない。一般的な日本人のアフリカに対するイメージは、20世紀末頃で止まったままと言えます。ITイノベーションや資源開発、そして人口増加などにより、今、アフリカは大きく変貌しています。その現状を日本の方々にお伝えすることは私の使命でもあると考えています。なぜならば、人口減少の加速により経済規模が縮小していく日本がこの先、維持・発展する未来を描くには、外から成長のパワー、エネルギーを持ってくるしかありません。巨大な市場ポテンシャルを背景にしたアフリカの成長は、日本の生命線となる可能性もあります。アフリカを知り、アフリカとつながるために、データや映像を駆使してリアルなアフリカの今をお伝えする。これも私の講演の柱の1つになっています。

　それを野球という日本人にとって身近なスポーツを題材にしているからこそ、聴講者が具体的に想像でき、記憶に残る話となっています。

イキイキ、ワクワクした人生を生きるために

　私の人生を振り返りますと、多くの挫折がありました。ピンチにもたくさん遭遇しました。ただ有り難いことに、その都度、人に恵まれ、道が拓けてきました。そうした経緯を私は「運がいい人間だからなんだ」と片づけてきました。

　しかし、アフリカが私にある気づきを与えてくれました。アフリカで物事を進めようとすると、思い通りに進まないことがあまりに多くストレスが溜まります。仕事でも野球でもそうでした。そんなことの連続の日々で、アフリカに古くから伝わる「山と山は出合わないが、人と人は出会う」ということわざを知りました。困った時は人に頼ることできるのが人間の強み。私は運がいいのではなく、積極的に人との関係をつくり、コミュニケーションをとったからなのだ、という気づきです。

第3章　チャレンジ・冒険心で人生を変える秘訣を伝える

　つまり、テイクアクション。自分の信じた道をまっすぐ進み、挫折があっても人とつながれば道が拓ける。あきらめずにやり抜く。成功を信じてまっすぐ進めば、人生に失敗というものはないのだ、ということ。こう考えるようになって、私の人生は、今やイキイキとワクワクで溢れています。

　私の座右の銘は、「自ら機会を創りだし、機会によって自らを変えよ」、そして信条は「情熱貫徹」です。フツウの人間である私の「唯一無二」の経験を多くの人と共有し、仕事や毎日の活動に活かしてもらえれば幸いです。

〈プロフィール〉**友成 晋也**(ともなり しんや)

一般財団法人アフリカ野球・ソフト振興機構(J-ABS)代表理事
1964年東京生まれ。慶應義塾大学卒。大学まで本格的に野球に取り組む。卒業後は、株式会社リクルートコスモスを経て、独立行政法人国際協力機構(JICA)に約30年勤務。アフリカ3カ国に通算8年半海外駐在し、仕事のかたわらアフリカ野球の発展に貢献。2020年末にJICAを早期退職し現職。2021年ニューズウィーク誌「世界が尊敬する日本人100」に選出。

主な実績	【2023年講演実績】企業・団体講演16回(富士フイルムビジネスイノベーションジャパン、SMBC日興証券他)、大学講演7回(明大、日体大他)、テレビ講演2回(テレビ寺子屋) [これまでの主な講演・研修テーマ] 『野球のチカラで、アフリカと日本の未来を創る』『急成長するアフリカの今』『アフリカの「野球を通じた人材育成」から学ぶ人づくり』 【主な企業研修実績】「人的資本経営を実現する企業の人財力強化研修」 管理職、中堅、若手社員など各階層向けに21種類のワークショップを提供。【テレビ出演】『テレビ寺子屋』『松岡修造のみんながん晴れ』『報道ステーション』『スポーツで世界を変える』(BS朝日)
対応エリア	全国
その他提供可能なサービス内容	大学、高校の講義、団体の市民イベントの講演など
その他の参考情報	[所有資格] スポーツマンシップコーチ(一般社団法人スポーツマンシップ協会認定) [著書] 『アフリカと白球』(文芸社)、『野球人、アフリカをゆく』(Web論座 31回連載)
依頼者へメッセージ	アフリカ野球30年の唯一無二の経験をもとに、グローバルで日本の未来につながる講演です。眠らせず、飽きさせず、聴衆の心に火を灯す講演をお届けします。
連絡先	ホームページ https://www.j-absf.org/ メールアドレス contact@j-absf.org

3-5 信条・特徴・取り組み・モットーなど
好きなこと・特技・スキルを収益化し成功する方法を伝授

集客・売上を劇的に向上させる「魔法のチャレンジ集客®」

「魔法のチャレンジ集客®」の専門家
満員御礼マーケティング株式会社 代表取締役／長山 寛

３カ月で売上３倍を実現する高単価クライアント集客法

　私は、コーチ、コンサルタント、セラピスト等、無形のサービスを提供する個人起業家を主なターゲットとして、オンライン完結型で売上を生みだすためのコンサルティングを事業化しています。特に私が重視しているのは「集客」です。

　ところで、営業と集客の違いは何だと思いますか？　「営業」は、こちらからお客さまのところへ出向いて商品を買ってもらうことです。時には、相手が望んでいないのに強引に商品を勧めることもあるでしょう。けれど、これでは一時的に売れても長く売り続けることは難しいですし、お客さまとの信頼関係も築きにくくなります。

　これに対し、「集客」とは、お客さまのほうからわざわざ来てくれることです。お客さまは元々関心があって来てくれるため販売につながりやすく、満足度も高くなります。そのため、リピーターになってもらいやすく、お客さまとの信頼関係も築きやすくなるという好循環が生まれるのです。

　ぜひ、「営業」ではなく「集客」を目指しましょう。

　そのためには、あなたが魅力的な「先生」となり、あなたの話を聴きたいと思ってくれる人を集めましょう。あなた自身が商品であり広告塔

になるのです。これがブランディングですね。

　もう1つ大事なことは、客単価20万円以上の高額商品を作ることです。1回5,000円のセミナーで100万円売り上げようと思ったら、200人も集客しなければなりません。しかし20万円の講座なら5人成約すれば達成できます。こちらのほうが断然ラクだと思いませんか？

　もちろん、高額な料金をいただくのであれば、参加者が「それだけ出しても良かった」と満足できるような結果を出さなければなりません。

　そう言うと、「自分にはそんな値段をつけるだけの自信はない」と不安になるかもしれませんが、心配しないでください。私が、商品（サービス、コンテンツ）づくりからお手伝いします。ぜひ二人三脚で売れるサービスをつくっていきましょう。

「魔法のチャレンジ集客®」とは

　当社が、今一番力を入れているのは、「1週間で100万～200万円を売り上げる魔法のチャレンジ集客®の作り方」という5日間の講座です。

　この講座のベースとなっているのは、アメリカから入ってきた「チャレンジローンチ」というマーケティング手法です。

　「チャレンジローンチ」とは、3～5回ワークショップ型の講座を開催し、ワークショップのなかで一緒に課題に取り組むなどして信頼関係を築いたうえで商品やサービスを紹介していくという、比較的新しい販売手法です。

　例えば、「ダイエットチャレンジ」といったワークショップを開催し、参加者が共にダイエット商品について学んだり、実際にダイエットにチャレンジしていきます。すると、ワークショップ終了後は商品への理解が高まり、講師との信頼関係もできているので、ダイエット食品の販売や、ダイエットコーチの成約といった結果につながりやすいのです。

　この「チャレンジローンチ」を実践的に学べるのが、当社が提供する

「魔法のチャレンジ集客®」です。この講座では、20万円で売れるコンテンツの作り方、ワークショップの組み立て方、集客のしかたなどを学ぶだけでなく、実際にクローズドのメンバー向けにワークショップを開催し、最終的にご成約いただくところまでを体験します。

　この講座で自信をつけた方々は、講座終了後、どんどん自分でセミナーを開催してお客さまを増やし、売上を上げています。

普通の主婦から年商2,000万円のマイレージアドバイザーに

　例えば大阪在住の50代のAさんは、月収3万円の普通の主婦でしたが、マイルの効率的な貯め方やより得をする使い方などの知識が豊富で、これをビジネスにできないかと相談に来られました。私は、Zoomを使ってマイルで無料で旅行する旅のアドバイスを提供する、オンライン完結の講座をAさんと一緒に作り、セミナーを開催していただきました。

　Aさんは最初、「こんなことがお金になるのでしょうか」と半信半疑でしたが、25万円の講座がサクサク売れました。手応えを感じたAさんは繰り返しセミナーを開催するようになりました。すると12日間で600人を集客、3週間で600万円の売上を達成できました。今では年商2,000万円を超えるまでに成長されています。

　次にBさんは、スピリチュアル・ヒーリングの指導をしている女性でした。Bさんの悩みは、「集客はできるけれど売上につながらない」ということ。当時、Bさんの年商は150万円程度でした。

　体験会にお客さまが来ても売れないし、33万円の商品も自信がなくて提案できずじまい。けれど、私と相談しながら体験会の流れを変えたところ、お客さまに「入りたい！」と言ってもらえるようになり、あっという間に月商100万円を達成。さらに、Bさんが提供していた「ゼロ磁場ヒーリング」というコンテンツはマニアックでわかりにくいので、私は「ヒーリングダイエット」という名称を提案し、そのテーマでSNSを

使ったチャレンジ集客を開催するようアドバイスをしました。するとセミナーへの参加者が増え、成約率もみるみる上がっていったのです。こうして、今では年商7,000万円のビジネスに成長しました。

クライアントさんを信じ、「好き」の収益化をお手伝いする

私には3つのこだわりがあります。

1つめは、クライアントさんの可能性を信じること。多くのクライアントさんは、20万円のサービスをつくると言うと「自分にはそんな力はない」と尻込みされます。しかし、その人にしかできない何かが必ずある。そう信じてコンサルティングを行っています。

2つめは、クライアントさんの好きなことや特技・スキル、想いを大切にしながら、収益化できるビジネスを創り上げることです。私自身が音楽が好きで、これをビジネスにしたいという夢を持っていましたが、音楽では食べられないと思ってあきらめた経験があります。いくら好きなことでも収益化できなければ辛いだけです。「好きなこと」をいかに収益化するかをクライアントさんと一緒に考えていきたいと思っています。

3つめは、当たり前かもしれませんが、信頼関係を大事にすることです。世の中の仕事の多くはオンラインで完結できるようになりましたが、パソコンの向こうにいるのは人間だということを忘れてはいけません。ビジネスは丁寧な信頼関係の積み重ねであり、どれだけ「信頼残高」を積み重ねられるかで決まるのです。

もしかして、あなたがビジネスで目立ってくると、同僚や上司、友人などから「最近羽振りがいいね。何か怪しいことをしているのでは？」とツッコミが入るかもしれません。けれど、それはあなたが羨ましいから言うのであり、あなたの人生が変わりかけている証です。ツッコまれても気にしないで「私もたたかれるくらいになったんだな」と大らかに構えていてほしいと思います。

第3章　チャレンジ・冒険心で人生を変える秘訣を伝える

〈プロフィール〉**長山 寛**（ながやま ひろし）

京都大学法学部在学中に口コミのビジネスに関わる。卒業後は専門商社に就職し、二足の草鞋で稼ぐ。その後、独立しパーソナル・ダイエット・コーチとして起業するも、ビジネスモデルの不理解が原因で3年で廃業の憂き目に。起死回生をめざし、人材サービス会社で働きながら、インターネットやSNSを活用した集客を一から研究した結果、次々と成果を生みだし成功。その経験をより多くの起業家へ伝えるべく、2016年に集客コンサルタントとして独立し、2020年に法人化。年商8桁の"ひとり起業家"を生み出している。

主な実績	[これまでの主な講演・研修テーマ] ・100 Leads in 7 Days – 1週間で100リスト集めるためのソーシャルメディアとリードファネル ・The Fastest 10 mill with "Challenge" – 最短最速で1,000万円の売上をつくりだす！魔法のチャレンジ集客®の秘密 [これまでの主なコンサルティング内容] ・「魔法のチャレンジ集客®」で、1週間で100万円売り上げる方法 ・治療家が技術講座を開発してオンラインビジネスを全国展開 ・年収3万円のアラ還主婦が年商2,000万円の経営者に
対応エリア	全国（オンライン完結型）
その他提供可能なサービス内容	・ひとり起業家のプロデュース・集客および販売代行 ・インターネット広告運用・集客用HP作成 ・SNS運用代行
その他の参考情報	[著書] 『人見知りでも集客のプロに！集客ウォーズ エピソード4 新たなる希望はいずこ…』（Kindle版）
依頼者へメッセージ	多くの人は仕事のために好きなことをあきらめますが、好きなことや「特技・スキル」が仕事になると今までとはまったく違う人生を歩めるようになります。「魔法のチャレンジ集客®」で、1週間で100万円売り上げる方法を学び、夢を実現しましょう。
連絡先	ホームページ：https://e-lifechange.com/ ブログ：https://ameblo.jp/rosheana/ SNS https://www.facebook.com/hiroshi.nagayama/ https://www.instagram.com/rosheana/ https://x.com/rosheana メールアドレス nagayama@manin-onrei.com

3-6 信条・特徴・取り組み・モットーなど
意識を変える！ 組織も個人もイキイキ自律型へ

イキイキとした
自分の在り方をデザインする

株式会社個コラボ 代表取締役／芳賀 哲

これからの社会、組織の危機感、個人の不安

　時代の移り変わりとともに、組織としての危機感も、個人としての危機感や不安感も変化してきました。多くの要因はありますが、そのうちの人口動態に関しては、即効性がなくいかんともしがたいものです。さまざまな施策が実施されてきているものの、働き方に対しての不安はモチベーションに影響しています。

　いつまで働くのか、どこでどのように働くのか、そのためにどうしたらいいのかなどなど、不安はつきません。

　いや、そもそも何のために働くのか、自分がやりたいこととは何なのか、という疑問も湧いてきます。組織のなかで働いていて、いきなり「キャリアは自分で考えるもの」と言われてもとまどいます。いや、腹が立つことさえあります。とはいえ時代の変化とともに環境変化が起きていることも頭のなかではわかります。

　キャリアとは、仕事だけのことなのでしょうか。どう過ごしていきたいか、という側面もありますね。理想を言えば、自分としてどう過ごしたいかがあって、それに見合った仕事が得られるといいのですが。いや、キャリアを自分で考えるなら、そんな視点で考えたいですね。これからの在り方は、自分のことですから自分で見つける必要があります。

　仕事の役割に関しても、自分としての意義を感じられるものであると

いいですね。給与やポジションという他者との比較も気になりますが、自分としてのやりがいや意義は、他者と比較するものでもありません。それを見つけたいものです。

今までのさまざまな取り組みと横たわるもの

　組織としては、法改正に伴い再雇用や定年延長を導入し、役職定年やJob型を併用することで対応しています。より長く働くことが、終身雇用と年功序列という形態を崩し、新たな人事制度へと移行しています。

　一方で、そのことが世代間の価値観のギャップを浮き彫りにしています。制度の変化にとまどいやモチベーションの低下も見られます。管理職にとっては年上の部下と若手部下との間に挟まれてストレスも高まっています。各世代ごとに、それぞれの悩みを持ち、それが「話してもわかってもらえない」、話し合わないことで解決が進まない、という状況も見られます。組織としても問題ですし、個人としてもやりがいや生きがいを持てないことは問題となります。それが後の世代へと希望を見出せない気分を伝播させているようにも思えます。

　この連鎖を断ち切りたい。組織としても個人としても視点こそ違え、解決したいものです。

私の場合、やってみて気づいたこと

　さて、私の場合はどうだったのか。

　50代に入り、まだ法改正の前で、再雇用制度はありませんでした。一方で、その頃の先輩はといえば60歳の定年とともに公的年金が貰える世代。参考になりませんでした。

　60歳の定年後に公的年金受給開始まで、どうするのか？

　法改正前のはざま世代だったのですね。とはいえ、私にとっては不安感ではなく危機感でした。何もしなければ、60歳になるとともに収入ゼロになってしまうという危機感でした。

今の会社にいれば安泰だとは思えなかった私にとっての課題は、65歳まで働けるところを見つけることでした。しかし、どうしたらいいものか、長年のよりどころにしていた前提が崩れ、自分で新たな道を見つけることなど、現実ともなれば具体的な方法は思いつかなかったのです。
　いろいろと悩み、調べてもみました。
　そこで気づきました。いや待てよ、そもそも何のために働くのだろう、と。そこから考える視点、優先順位が見えてきた気がしました。そして、これからの自分の在り方を考え始めると、ワクワクしてきました。問題に取り組む視点ががらりと変わり、それで収入は大丈夫なのか、という不安は引き続き残るものの、それはアルバイトでもよいと思えて以降は、気持ちが軽くなりました。
　その体験から、そしてキャリアについて勉強してみると、なるほどと納得できました。
　そこから組織のなかで起こっていることを、1つは組織マネジメントの視点から、もう1つは個人の視点から、自分としての在り方と仕事の意義を見つけるポイントについて考え、新たに研修講師としての道を歩み始めました。

組織も個人もイキイキするためにご提案したいこと

　基本となるテーマは3つあります。
　1つめは、組織で働く人を対象に、自分にとっての仕事の意義を見つけるもの。
　2つめは、組織で働く人を対象に、先々の在り方を考え、ライフ・キャリアを考えるもの。
　3つめは、組織マネジメントをしている人を対象に、メンバーのやる気を引き出すもの。
　1つめと3つめは、上司とメンバーとの相互対話という視点でセットにして実施することをお勧めしています。メンバーが一人で考えるので

はなく、上司とメンバーの対話によって共有化しながら具体化していくプロセスを通して、組織がイキイキとしてきます。

　2つめは、50代が主な対象になります。役職定年や定年という節目を考えることは、私の場合もそうでしたが、将来どんな過ごし方をしたいか、というプライベートなことから考え、今後の働き方を考え、それに向けてどんなことに取り組むか、という内容になります。単独でも効果はありますが、3つめとも連携することで、必ずしもメンバーのプライベートの内容に踏み込むわけではありませんが、上司との共通理解をつくることは現在の職場に良い影響をもたらします。

　まずは、今の仕事という枠をいったん外し、やってみたいワクワクする気持ちが湧き上がってくることを見つけようという気持ちになること。不安や不満から忘れていた自分を見つめ直します。新しいことへの興味やチャレンジする気持ち、そのワクワク感が、仕事のうえでも取り組みたいことへの関心が湧いてきます。

　これを研修形式で行う場合と、講演形式で行う場合と、お客さまに合わせてご提供いたします。研修は、研修の場にリアルに集合する場合も、オンラインで集合する場合でも、ご参加者同士の話し合いを重視していて、視野を広げる機会にして、自分の考えを深めるように構成しています。また、e-learningでのご提供や、e-learningと集合研修との併用でのご提供もしております。

イキイキとした個、活性化した組織

　目指すところは、個人も組織もイキイキとした状態になることです。価値観もやり方も違ったものを持っているさまざまなメンバーが、それぞれが自分の持ち味を活かしながら、組織としても個人としても成果を出し、かつその取り組みによって成長につながる、それを一緒に感じながら仕事ができる。お互いに違いはあるものの、だからこそ違いを尊重できるように話し合える、そんな場からは良い成果が生みだされていく

ことでしょう。苦しい状況からも活路を見出せることでしょう。

　仕事に限らず、いや、そもそも仕事を含めた日々がイキイキしてこそです。

　給与やポジションも大切だけれども、自分としてのやりがいや意義を感じているからこそ、本当の輝きを放つものだと思います。いつまでも、自分の役どころを見つけて、やりがいを感じ、そして感謝される。だからこそ、仕事以外にチャレンジすること、ワクワクすることを持つことが大切です。

　それがイキイキとした社会へとつながっていくことと思います。

　たった一度の研修や講演で実現できるものではありません。しかし、一人ひとりの意識に変化が起きることで、大きな変化につながっていくものと信じています。

〈プロフィール〉**芳賀 哲**（はが てつ）

株式会社個コラボ 代表取締役
1957年福島県生まれ。
半導体の商品開発エンジニアとして入社後、海外赴任や事業撤退から新規開拓まで、組織マネジメントとしてさまざまな経験をする。60代からの働き方に悩み、50代半ばで研修講師としての道へと進む。顧客のさまざまな要望に応じて、働く環境と価値観の変化のなかで、自律して成長する組織と個人の支援を心がけている。

主な実績	［これまでの主な講演・研修テーマ］ 1．組織で働く人を対象に、自分にとっての仕事の意義を見つける 2．組織で働く人を対象に、先々の在り方を考え、ライフキャリアを考える 3．組織マネジメントをしている人を対象に、メンバーのやる気を引きだす 他、組織マネジメントやリーダー育成研修など 講演：これからの生き方から働き方を見つける５つのステップ
対応エリア	全国（北海道から九州まで実績有り）
その他提供可能なサービス内容	ー
その他の参考情報	［所有資格］ エグゼクティブ・コーチ ファイナンシャル・プランニング技能士２級 ［著書］ 『これからの生き方から働き方を見つける５つのステップ』（セルバ出版）
依頼者へメッセージ	働き方の変化で成果と成長への動機づけがより重要になってきました。将来への不安やあきらめから自分自身への動機づけが難しくなり、それを上司の役目としても難易度が高まっています。 　今こそ、ワクワクした在り方を見つけることが求められており、その動機づけと考え方をお伝えします。
連絡先	ホームページ https://www.ko-collabo.com/ お問い合わせページからご連絡をお願いいたします。 https://www.ko-collabo.com/inquirer/

3-7 信条・特徴・取り組み・モットーなど
人生全て自分次第

プロスポーツ選手への道

北海道リーグ　BTOP北海道コーチ／山本真也

「夢」を持つことの意味

「夢」を持つことは、現実と向き合うこと……私は43歳で初めてプロサッカー選手になりました。誰もが持つであろう「夢」を叶えるためには、まずは、今ある自分としっかり向き合う必要があります。そして、嘘偽りなく、自分の力を認めることが必要です。言葉で書くと簡単ですが、実は、そこが一番難しい。夢を叶えるまでのプロセスを自分に都合よく捉えがちで、そこに至るまでの過程がどんなにつまらなくて、険しくて、苦しいことか……夢まで上る階段を1段飛ばししたり、まっすぐ上れなければなかったことにしたり。それでいて、自分の夢は「プロサッカー選手」なんてことをよく耳にします。ピラミッドの頂上にそう簡単にたどり着けるわけがないのです。夢を持ちそれを叶えるために、誰よりも努力し、どんな時も夢のために力を尽くし、時間をかけ、それでもつかみ取ることができない世界だからプロなのです。

私は、夢をあきらめませんでした。夢を夢で終わらせないためには、いつでも自分と向き合い「俺は本当にプロサッカー選手になりたいのか？」「その気持ちは本当か？」「全てを犠牲にしてでも叶えたいことか？」と問いかけること、そして必ず矢印を自分に向けることこそが大切なのです。

「夢」と「現実」

　自分と向き合うと、必ずそこには「現実」があります。自分の実力です。私は北海道札幌市でサッカーを続けてきました。小さい頃から、北海道ではそこそこ有名な選手でした。大学時代に初めて北海道を離れ、サッカー強豪校の仙台大学に入学しました。部員数約200名、自分よりうまい選手の集まりでした。初日の練習の時にはBチームのボール拾いしかできませんでした。自分が思い描いていた世界と全く違う現実。ここからどうやってプロになれるか……。でも、私は前しか見ていませんでした。「絶対に負けたくない」という思いが日常を変えました。他の誰よりサッカーに時間をかけ、初めての一人暮らしでしたが、食生活に誰よりも気を使いました。そして、チャンスが転がってきた時にしっかり自分の元へと手繰り寄せました。現実の自分の姿にフォーカスする、自己評価しない、そこが夢への土台になる部分です。土台がぐらついていては、一歩前へ踏みだすことすらできないのです。

プロへの道

　大学3年生の時にJリーグが発足しました。華々しい世界でした。憧れたし、試合も観に行きました。私にはチャンスがありました。今で言うJ1のチームに練習参加する機会があったのです。しかし、そう甘くはありませんでした。オファーと言われるものはなく、私は総理大臣杯やインカレで活躍するしかありませんでした。その後……大学を卒業して北海道に戻った私は特別支援学校で教員をしながら、北海道リーグのチームに入りました。J1から数えると5番目のリーグです。ここでサッカーをすることは本望ではありませんでした。しかし、それが自分の実力。仕事をしながら、毎日、トレーニングを続けること……生活の優先順位、時間、疲労……サッカーに対して、さまざまな言い訳が出てきました。でも、私はブレませんでした。どんな時もやり続ける、どんな時

もです。自分の夢に対して言い訳をしたくなかった。毎日毎日、何年も何年も続けることの難しさ……当たり前ですが、結果に結びつかず、自問自答を繰り返し、それでも続けました。地域のリーグにいて、プロへの道が拓けてくるわけがありません。全国大会にも、国体にも何度も出場しました。しかしプロへの道は、そう簡単に拓けるものではなく、ピラミッドの頂上は、遙か遠くの雲の上にあるものでした。

プロサッカー選手とは……

「目標は、プロサッカー選手になること」。現代では、誰もが口にし、目指すべき舞台です。私は43歳の時にたどり着きました。着実に1段ずつ階段を上り、時には回り道をしたり立ち止まったりしながら、ようやくたどり着きました。皆さんが思い描く、まっすぐな道ではなかった。でも、自分の夢に、ピラミッドの頂上に着くことができました。そこから先の世界は、さらに厳しい世界でした。私はモンゴルでプロのキャリアをスタートさせました。アジアのリーグで戦うということは、サッカー以前に慣れない土地で生活しなければいけません。文化、習慣、気候などさまざまなものが全く違う中、さらに私は外国人であり、いわば、チームの助っ人でした。外国人枠3名のうちの一人。チーム内では、圧倒的な存在でなければいけません。開幕戦、私のチームは1対3で敗れました。ハーフタイムにオーナーがロッカールームに下りてきて、失点に関わった選手を酷(ひど)く叱責しました。その選手は前半で交代となり、次の日にクビになりました。また、リーグ戦に2対1で勝利したことがありました。みんなでランチをしていると、前日に1得点1アシストした日本人の仲間がオーナー室に呼ばれました。私たちは、昨日の活躍で「ボーナス」を貰ってくるに違いないという話をしていました。しかし、戻ってきた彼の口から出たのは「クビ……」という言葉でした。絶句しました。練習の時にコーチに理由を聞きましたが、「チームの勝利に貢献していない」という理由の他に何も言わなくて……これがプロの

世界です。日本では、このようなことはないと思いますが、アジアのプロリーグでは、こんなことは日常茶飯事でした。監督が1試合でクビになることも珍しくはありません。これがプロ……FIFAのランキングや給料の金額だけで判断している選手たち……そんなに甘くはないです。そして1円を発生させることがどんなに険しく、高い壁であるか……身の回りに「プロサッカー選手だった」という人がほとんど存在しない理由が、そこにあります。

セカンドキャリアへの道

現役を引退すると、誰もが「サッカーで飯を喰っていく」ことを目指します。しかし、そこにも現実があります。元日本代表だった人達でさえです。私には幸いにも、プロサッカー選手になる前に、20年以上、教員をしていた経験がありました。「サッカーで……」から「サッカーに携わって……」という見方・考え方への切り替えがうまくできました。サッカーで言えば、攻守の切り替えかな？　別に人生、守りに入るわけではないけれど、収入を得なければ、生活をしていくことができません。これもまた現実。今は、再び教員として子どもたちの前に立っています。「やっぱり、これだな」としっくりきました。そして、サッカーに携わるという意味で、地域リーグ（北海道リーグ）のチームのコーチをして、JFL昇格を目指しています。また、新たな夢を掲げ、JFAの指導ライセンスもA級ジェネラルまで取得することができました。「次は、監督としてアジアのプロチームの指揮をとってみたい」。可能性は低いかもしれないけれど、ゼロではありません。43歳で夢を叶えたように、階段を1段ずつ上りながら、日々のことをコツコツ積み上げていく……自分らしさを見失わず、しっかりと夢に向かいたいと思っています。だって、一度きりの人生、すべて自分次第だから。まずは、その一歩を今日も刻みます。

〈プロフィール〉**山本 真也**（やまもと しんや）

BTOP北海道（北海道リーグ）コーチ
1972年北海道札幌市生まれ。
〈選手経歴〉
札幌光星高校→仙台大学→札幌蹴球団（北海道リーグ）→FCセレンゲ・プレス（現FCファルコンズ、モンゴルプレミアリーグ）

〈指導者経歴〉
チャレンジャスサッカースクールコーチ／北海道コンサドーレ札幌スクールコーチ／札幌蹴球団（北海道リーグ）コーチ／クラーク記念国際高校サッカー部外部アドバイザー／BTOP北海道（北海道リーグ）コーチ／2024札幌トレセンU-16監督

主な実績	[これまでの主な講演・研修テーマ] ラソス・スポルチ・クルービ仙台「自分の夢に向かって」 赤井川村立赤井川中学校　総合的な学習の時間「夢を摑む」 HIDE Kidsサッカースクール「アジアのプロサッカー選手」
対応エリア	全国（離島も含む）
その他提供可能なサービス内容	特別支援学校、特別支援学級への研修全般
その他の参考情報	[所有資格] JFA指導者ライセンスA級ジェネラル AFC（アジアサッカー連盟）ライセンスA（AFC-A） [著書] 『プロスポーツ選手になる夢を実現する方法』（セルバ出版）
依頼者へメッセージ	「全て……実話です」 紹介するエピソード等、本人のキーワードである「クレイジー」という言葉がピッタリの実話に沿って話されていく講演です。43歳でプロ契約を勝ち取った……ということだけで世間では考えられない生き方、人生の持ち主。また、教員を21年間続けてきた経歴から、さまざまな子どもたちの見方や教育観を持っています。いずれにしても、「身近にこんな人いたことがない」「こんな話、聞いたことがない」という魅力たっぷりの講演です。
連絡先	SNS Instagram：shinya_1110 メールアドレス Yama.1972.1110@gmail.com

第4章

心身の健康・美容が増進する秘訣を伝える

　現代人は、日常的にストレスや不規則な生活を送りがちで、多くの人が心身の不調を抱えていたり、本来の美しさを失いがちです。
　そこで本章では、5名の講演講師・コンサルタントのそれぞれの切り口から、心身の健康や健康的な身体づくりを通して自らの美しさを保つための知識や具体的な方法をお伝えします。
　本章の内容をテーマにした講演・研修・セミナーを実施することにより、参加者の心身両面の健康増進につながり、より充実した人生を送るためのサポートとなります。また、所属する組織や社会全体としても、健康意識の高揚に貢献し、生産性の向上にもつながることが期待できます。

4-1 信条・特徴・取り組み・モットーなど

健康体操で日本を幸せにする

元気が出る→
人生を豊かにする健康体操

健康体操教室ハローフレンズ イノア代表／伊藤敦子

人生100歳時代に、介護不要の人生は最も幸せな人生となる

　健康体操教室ハローフレンズイノアでは、ご高齢でも元気に体操に通い、仲間と共に、ご自分の趣味や家族とのイベントなどを謳歌(おうか)している方々がたくさんいらっしゃいます。その秘訣は、健康体操を継続すること、仲間と一緒に動くことです。歳を取って一番嬉しい、有り難いことは、自分の体（と心）を自分で動かすことができることです。イノアの目標は「最期まで自分の脚でトイレに行き、自分の手でご飯を食べる」です。このために必要な身体的・精神的・社会的健康をつくるのが健康体操です。

　私のノルウェー人のお友達ティッテリーテン先生は、2024年9月に99歳になられました。体操を指導し続けて80年以上、今年も新しい作品をつくり、「私の少女たち」と呼ぶ教え子（60代〜80代の方たち）を指導されています。「来年100歳になったら引退するわ」とおっしゃっているそうです。体操を指導する我が身にとって、なんと素晴らしい目標となる先生でしょう！　その秘訣は、やはり仲間と共に体を動かし、仲間とのつながりを楽しむことだと思います。体操を習慣にすることは「元気100歳！」への道となるのです。

　健康体操と一口に言っても、「このやり方で！」という私の持論、確信があるので、それを今回は皆さんにお伝えしたいと思っています。

人が元気になるということ

　人が元気になるとは、どういうことでしょう？　体が健やかであると同時に心（気持ち）も明るく軽くなる時、私たちは元気になった、元気であると感じるのではと思います。

　では、心身共に明るく、軽く、健やかになるには何をどうすればよいか……。そのキーワードは、「血流」です。血行を良くすること、このことが人間の全ての細胞を活性化させます。細胞が活性化する＝心身の機能がいきいきと働く＝元気となるわけです。

　健康体操はこの血行を良くするための最高のアイテムです。体の隅々まで全て動かし、全身を耕していく感覚です。すると血流が良くなり、体操が終わった後は、体も気持ちも軽くなります。やる気が出てきます。

　嫌なことも、暗かった気持ちも、あ〜ら不思議、どこかへ消えてしまいます。仲間とおしゃべりしたり、協力し合って動いたり、人と人がつながることも心を温かくして血流が良くなることを助けます。

　健康体操は、今、厚生労働省が推奨するマルチコンポーネント運動です。柔軟性を養うストレッチ、筋力や筋持久力を強化する筋力トレーニング、認知症を予防する脳のトレーニング、器用に物を扱う巧緻性、全身持久力や素早く動く瞬発力など、全ての機能を保持増進することに役立つ運動なのです。こんなに素晴らしい健康体操をなぜやらないのか、私は不思議です。運動が苦手、嫌いという人にも向いているのが健康体操です。自分のやれる分だけ、やりたい分だけ自由に選択できます。皆と一緒に動いているのに、個人で調節可能なのです。

　大勢の人が健康体操をすればするほど、私は社会が明るくなっていくと思っています。個人の元気は社会の元気（周りに元気な人がいるかどうか）にも左右されます。なので、私は一人でも多くの人に健康体操の良さを知ってもらい、実行してもらって元気な日本をつくりたいと心から

願っています。

イノアのオリジナル体操「4つ切り体操」

　日本人のほとんどが音楽を聴けばできるラジオ体操。他にも、今までの人生の中で体験してきた体操やストレッチなどは数多くあることでしょう。どれも素晴らしい体操だと思います。が、どんなに良い体操でもそのやり方で効果(特に全身の血流を良くする効果)が違うと感じています。
　そこで、イノアのオリジナル体操「4つ切り体操」です。この4つ切り体操は、「ラジオ体操」のように体操の決まった形があるのではなく、体操をする時の原則＝メソッドです。名前のごとく、体を4つに切り分けます。もう少し具体的に説明しましょう。
①ウエストラインと体の中心正中線がつくる十文字で体を4つに分割します。（図参照）

4つ切り体操（イノアのオリジナル体操）

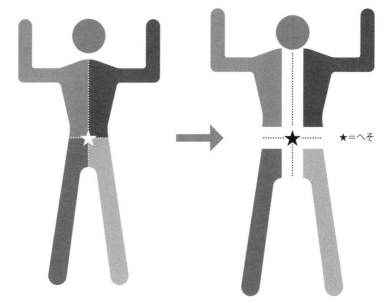

★＝へそ

②4分割された体をそれぞれ独立して動かします。4分の1を他の4分の3から切り離すように動かします。
③腕はへそから切り取られた4分の1の胴体、腹、脇腹、胸、背中、腰全てが腕です。脚はへそから切り取られた腰、お尻、下腹を含めて全てが脚です。腕や脚を動かす時は、まず十文字の交差点（へそ）付近を意識し、そこから動かし始めます。

　このような意識で体を動かす（体操をする）と、普段最も動かしていない体の中心部に刺激が加わり、全身がほぐれて体が軽くなり、動きやすい体になります。これはすなわち、全身の血行が改善されたということです。

　体を4分割して常に「へそから動かす」を意識して体操をすると、歳と共に固まる体が、若返ってくるのを感じます。

健康体操で元気をつくろう！！

　元気になることは誰でもできます。元気な企業、元気なグループ、元気な団体は、全て元気な個人から。元気な個人は元気な細胞から。つまり、「詰まり」のない血行の良い体です。固まらせない、詰まらせない、滞らせないことが元気の素となります。加齢により、ストレスにより、疲れにより、寝不足により固まる体、そして心。これを4分割の体操でほぐし、血行を良くして元気になりましょう。

　体操??　どうしてよいかわからないあなた。「イノアのサンデーモーニング体操」はいかがですか。毎週日曜日朝10時から、ユーチューブでライブ配信している体操です。ライブとはいえ、後からいつでも見ることができます。コロナ禍の頃から始めたので、もう数年分の配信がありますから、どれでも選んで行ってください。それもなかなかできないというあなた、ご自分で毎日背伸びをしましょう。しかし、4分割で行う背伸びですよ。体をへそからちぎるのです。イノアの体操は、別名「ちぎる体操」です。

元気は字のごとく「気」が元です。が、気持ちを変えることはなかなか難しいですよね。しかし、体と心は一体です。体がすっきり整えば、それに合わせて心も変わります。元気になり、やる気が出て毎日が楽しくなる……、それが健康体操なのです。

　ハローフレンズイノア考案の４つ切り体操理論で、世界でも類を見ない超高齢社会の先頭を行く日本を「しあわせ感世界一」の日本にしたい！　これが私の夢でありライフワークです。今年は80歳以上の方を対象に、「80's」というグループをつくって、健康体操を発表したいと計画しています。この話を聞いただけで何かワクワクしませんか？　死ぬまで元気を実現するには、このワクワク感が大事です。皆さん今年何かにワクワクしましたか？　その気になればワクワクはどこにでもあるはず。それを見つけるには、健康体操で得たほぐれた心身と脳が必要かも！

　著書に以下があります。ご参考ください。
『健康体操が日本を救う！』（ギャラクシーブックス）
『健康づくり（楽しいフィットネス担当）』
2021年２月号「イノアオリジナル体操４分割体操」／2021年12月号「ロコモ予防体操」／2022年１月号「４つ切り体操とまるの体操」（公益財団法人 健康・体力づくり事業財団発刊）

第4章 心身の健康・美容が増進する秘訣を伝える

〈プロフィール〉**伊藤 敦子**（いとう あつこ）

健康体操教室ハローフレンズイノア代表
1959年北海道生まれ。広島大学教育学部教科教育学科卒。
・高等学校保健体育科教諭を経て、社会体育に転向、ヨーロッパの体操学校で体操を研修
・日本体操祭など国内大会はもとより、世界体操祭など海外大会にも参加
・2010年より健康体操教室ハローフレンズイノア主宰
・2023年NHKEテレ『あしたも晴れ！人生レシピ』健康体操に出演

主な実績	[これまでの主な講演・研修テーマ] ◎元気が出る体操　◎健康づくり（体操）リーダー養成 ◎認知症予防のための体操　◎生活習慣病予防のための体操 ◎体ほぐし体操・リラクゼーション ◎仕事の疲れを取る体操　◎ウォーキング講習 ◎高齢者椅子に座った体操　◎正しい姿勢をつくる体操
対応エリア	日本全国　　全世界
その他提供可能なサービス内容	◎オリジナル体操制作（オリジナル曲制作、振付け、CD・DVD制作） ◎オンラインレッスン ◎テーマに応じた体操実技指導（講習、講演） ◎イノアのオリジナル体操CD・DVD販売
その他の参考情報	[所有資格] 中学校・高等学校保健体育教諭／健康運動指導士／一般財団法人日本コアコンディショニング協会アドバンストトレーナー／公益財団法人日本体操協会一般体操指導員／全国ラジオ体操連盟ラジオ体操指導員／日本Gボール協会　JSAインストラクター／エゴスキュー・ジャパン協会認定トレーナー／アメリカエゴスキュー・インスティテュート認定姿勢調整セラピスト／日本女子体育連盟ダンスムーブメントB級指導員
依頼者へメッセージ	健康は人生の宝です。子どもから高齢者、障害のある方、男女問わず、健康体操で元気になってもらいたいというのが私の願いです。そのための研究、実践を毎日行っています。
連絡先	ホームページ https://www.hello-friends-inoa.com SNS https://www.facebook.com/profile.php?id=100066410715176 https://www.instagram.com/inoataiso/ メールアドレス hello-friends-inoa@ma.medias.ne.jp

4-2 信条・特徴・取り組み・モットーなど
人と組織の元気を"食"で支える管理栄養士

効果が体感できるから
「健康経営」は実現し、継続する

株式会社健康支援BonAppetit 代表取締役／植村瑠美

「食」は元気の源？ 病気の源？

　人は食から「パワー」を貰います。体を動かすための「エネルギー」という意味だけでなく、大好きなものを食べたり、素敵な仲間と食を楽しんだりすることは活力につながり、心の「エネルギー」にもなるので、食は「元気の源」とも言えます。しかし、欲望のままに食べたり、ストレスでやけ食いしたりを繰り返してしまうと、食のパワーはマイナスに働き「病気の源」へと変わることもあります。

　現代人の多くは日々のスケジュールに追われ、仕事優先で食事を抜いたり、「何でもいいから腹に入れておこう」と、カップ麺や菓子パンなどで簡単にすませたりしがちです。最近では、お菓子や飲料などで代用する人も増えています。夜遅く疲れて帰宅し、勝手気ままに夕食やお酒を楽しんだらすぐに寝てしまう。翌日は朝食も食べずに慌てて出勤する。こんな生活が続くと、本人が気づかないうちに「病気」が始まり、やがて元気を邪魔する「大きな病気」へと発展することがあります。

　今「働く人の食事の在り方」にフォーカスして健康支援サービスを提供する私は、以前、名古屋市内の総合病院に管理栄養士として約10年間勤務し、延べ5,000人を超える患者さまの栄養指導に当たりました。こ

の頃に、仕事優先で健康を後回しにしたことで、大きな病気を発症した人に多く出会い、やがて「病気になる前にできることを支援したい」という思いが募り、健康支援の会社を立ち上げたのです。病気になって入院してからでは遅いのです。そして、日頃の食生活を見直すことで健康を支えるこの取り組みは、個人一人ひとりへの啓発だけでは限界があるので、やはり企業全体で社員の健康管理に関わっていくことの必要性を痛感しているところです。

企業では健康管理への意識が変わってきた

　近年はおもに、「健康経営」に関心のある法人企業において「健康に働くための食生活セミナー」を開催しています。幅広い年齢層を対象に「食」の面からヘルスリテラシーの向上に役立つ内容の話、つまり「食生活に関する基礎知識」と、「食事の摂り方のノウハウ」などをわかりやすく解説させていただいており、社員のみならず経営トップからも大変喜ばれています。

「健康経営」とは健康管理を経営的な視点で考え、従業員の健康に投資することは、個人のやりがいや生産性の向上、組織の活性化につながり、結果的に経営力を強化できて、業績向上や株価向上にもつながると期待されるため、経済産業省も推奨しています。

　近頃では若い人の価値観も多様化し、働き方に対する意識もかなり変化してきました。例えば就職先企業を選定する際に、学生はその会社が「健康経営」に取り組んでいるかをチェックするようになってきています。人材採用でも健康経営の有無が問われる時代となりました。そこで今、各企業では、経済産業省による「健康経営優良法人認定制度」の認定取得に力を入れ始めています。またこの認定取得は、取引先や金融機関、一般ユーザーからの信用確保という点でも重要なポイントと考えら

れていますので、弊社への支援要請や問い合わせも年々増えつつあります。

誰にでもすぐできる改善ノウハウ

　さて、この食生活セミナーの一番の特徴は「超実践的」ということです。「あっ、その話は自分にも当てはまる！」といった身近な事例紹介から入りますので、皆さん熱心に耳を傾けてくださり、「自分の問題点はここだ」とまず自覚してください。

　次にその改善方法をお伝えするのですが、ここでハードルが高い実践方法を紹介したらやる気をなくしてしまいますので、「すぐ簡単に始められる」方法をお伝えします。例えばコンビニの商品は、「体に悪い」「不健康」というイメージが強いですが、選び方のコツを知っていれば、健康的に活用することは可能です。しかし、コツを知らないがために、自分の好みや欲望のままに、塩辛いものや脂っこいものばかりを選んでしまい、不健康な組み合わせで毎日食べることになってしまいます。実はこの食生活が、働く人が抱える「疲れが取れない、だるい、眠れない」という悩みにもつながります。疲れが取れないからと、エナジードリンクやサプリメントに手を伸ばす前に実践したい、食事を選ぶ時のちょっとした工夫をお伝えしています。

　食材を体の中での働き別に３つのグループに色分けし、黄色（ごはん・パン・麺類・いも類・果物など）、赤色（肉・魚・卵・大豆製品など）、緑色（野菜・海藻類・きのこなど）の各グループの食材を１回の食事で選ぶよう意識します。暑い日にコンビニで「ざるそば・エナジードリンク」を買うのではなく、「ざるそば（黄色）・温泉卵（赤色）・めかぶ（緑色）」の組み合わせにすることで３つが揃うようになります。この組み合わせで食べることで、栄養が体のなかでうまく使われるため、エナジードリ

ンクなしでも元気な体をキープできるのです。そして、炭水化物やたんぱく質、ミネラルなどの栄養素ではなく、食材の色分けで判断できるように学ぶことで、毎日のメニュー選びに活かすことができます。多忙な人にこそ、この知恵を知っておいてほしいと願っているので、伝え方はなるべくシンプルにして、すぐ実行してもらえるように心がけています。

選び方のコツを実践するようになると、「最近なんだか体が軽くなった気がする」とか「朝の目覚めがよくなった」などご自身で「体の変化を体感できる」ようになります。そうなると人は、その成果を誰かに話したくなります。アウトプットは最高のインプット法ですので、人に話して自慢する方はその後も自分でしっかりと実行し、さらに続けるうちにそれが行動習慣になっていくのです。こうして他の社員も巻き込んでいく人が増えてきたら、社内に健康意識の高い風土が形成されていくので、「健康経営」は必ず成功すると言っても過言ではありません。

働く人の食生活改善で経営に貢献する

最近では「スポーツ選手は食事に気をつけている」というイメージが一般的になりました。しかし、食事に気を使うのは一流アスリートだけの話ではなく、日々懸命に仕事に取り組む「働く人」も同じく体が資本なのですから、決しておろそかにしてよいはずはありません。

毎日の食事を選ぶコツだけでなく、毎年の「健康診断」を活用していただくために「健康診断結果の見方と食事での対策」や、元気にも病気にもつながる嗜好品をテーマにした「体に優しいお酒の飲み方・お菓子の食べ方」などのセミナーも好評をいただいております。

食生活の改善を通して働く人の健康をサポートしていきたい、そして「健康経営」の実現に貢献して、日本にウェルビーイングな会社を増やしていきたい。このような志をベースに、今後もサービス内容のさらなる充実を図ってまいります。

〈プロフィール〉**植村 瑠美**（うえむら るみ）

株式会社健康支援BonAppetit 代表取締役
三重県出身。
名古屋市内の総合病院で管理栄養士として約10年間勤務。糖尿病、高血圧などを中心に5,000人の栄養指導を担当。仕事優先で自身の健康を後回しにする人の多さを知り、病気になる前に健康を支援したいと考え独立。現在は、コンビニ食や外食から始められる食生活改善法を研修で伝え、理想論ではない超実践的な方法で行動変容しやすいと好評。

主な実績	[これまでの主な講演・研修テーマ] ・忙しくても健康維持！　コンビニ＆冷凍食品フル活用術 ・我慢できない！　体にやさしいお酒の飲み方・お菓子の食べ方 ・いつも指摘されませんか？　食事で始める健康診断対策 ・元気の秘訣！　食事で始める健康貯蓄 [これまでの主なコンサルティング内容] ・従業員の健康課題、ニーズに合わせた健康セミナーの提案や健康増進プログラム提案および作成
対応エリア	愛知県名古屋市が活動拠点ですが、対応は全国各地可能です。 対面・オンライン・動画などの開催形式もご相談ください。
その他提供可能な サービス内容	・個別健康相談（対面／オンライン） ・健康コラムの執筆および配信
その他の参考情報	[所有資格] 管理栄養士　健康科学修士　健康経営エキスパートアドバイザー
依頼者へメッセージ	「健康経営」に取り組む企業を中心に、食生活に関するセミナーのご依頼を多くいただいております。中小企業が抱える従業員の高齢化、慢性的な人材不足などの課題解決には、従業員の健康維持・増進も重要であり、その対策の1つに弊社のセミナーをご活用ください。理想論ではない、誰もが取り組みたくなるような超実践型の健康セミナーを提供させていただきます。
連絡先	ホームページ https://kenko-bonappetit.com SNS　X（旧ツイッター） rumi_BonAppetit メールアドレス rumi@kenko-bonappetit.com

第4章 心身の健康・美容が増進する秘訣を伝える

4-3 信条・特徴・取り組み・モットーなど
マイナス10歳の美と心を創る美ジョンクリエーター

心身のバランスを保ち内側からの美しさを引き出す方法

美ジョンクリエーター／菊田アキ

はじめに

　健康と美容は切っても切れない関係にあります。心身のバランスを整え、内側から美しさを引き出すことで、外見だけでなく内面も輝くようになります。

　私は小学生の高学年の頃からニキビができ始め、肌のことで悩んできました。思春期を迎えるとともにニキビは悪化し、皮膚科に通っても思うような結果が得られず、次第に自分の肌に自信を持てなくなりました。

　さまざまな美容法を試しているうちに、外見のケアだけでなく内面のバランスを整えることが重要だということに気づきました。心身のバランスが崩れると肌のトラブルも悪化しやすくなるため、ストレス管理や健康的な生活習慣が大切であることを実感しました。

　ここでは、心身のバランスを保ち、内側からの美しさを引き出すために、私が実際に体験し、変化を実感した具体的な方法をご紹介させていただきます。

　私自身の体験を通じて、これらの方法が肌や心身の健康にどのような効果・変化をもたらしたのかを具体的に説明していきます。

１. さとう式リンパケアで心身のバランスを整える

　肌トラブルに悩んでいた私は、ある日「さとう式リンパケア」に出合いました。このメソッドは、歯科医の佐藤青児先生が顎関節の治療のために考案したもので、耳（顎関節）や口腔から身体全体を緩めることで循環機能を高めるというものです。

　肩こりや頭痛などのさまざまな症状の改善に加え、小顔やリフトアップといった美容効果も期待できるとのことでした。初めて体験した時、信じられないほど軽いタッチなのに、整形手術並みに目が大きくなり、リフトアップを感じたことに驚きました。

　その効果に感動し、「これだ！」と思いました。

　また、私の高齢の父が脳梗塞を患い、足の壊死で切断の危機に瀕していた時、「足指ワイワイ」という簡単な手技で奇跡的に回復した経験があります。

　この体験がきっかけで、私は「さとう式リンパケア」のインストラクター資格を取得することに決めました。

「さとう式リンパケア」のメソッドでは、身体をペットボトルのような筒状の空洞に例え、口腔・胸腔・腹腔の３つの空洞を広く保つことが重要とされています。この空洞を広く保つことで、内臓が活発に働き、健康や美顔、美ボディを手に入れることができるのです。

　しかし、これらの空洞が潰れると、さまざまな身体のトラブルが引き起こされてしまいます。

　また筋肉には「屈筋」と「伸筋」の２種類があり、関節を曲げる時には「屈筋」、伸ばすときには「伸筋」に力が入ります。筋肉自体は伸びる力を持たないため、硬直した筋肉が拮抗し合うことでねじれが生じ、

姿勢を崩す原因になるということも学びました。

　通常のリンパマッサージでは、筋肉を揉んだり押したり引っ張ったりしてリンパの流れを良くしようとしますが、さとう式リンパケアではそのような手技は行いません。
　このメソッドでは、従来のマッサージとは全く異なり、「押さない、揉まない、引っ張らない」方法を用います。

　このように力も要らずに簡単にできる「さとう式リンパケア」は、美容や健康に貢献できる素晴らしい方法です。日常生活に取り入れることで、身体の不調を和らげ、より健やかで美しい身体を手に入れることができます。

2．酵素を取り入れて内面から健康をサポートする方法

　酵素は消化や代謝、解毒に役立つ重要な成分です。年齢と共に体内での酵素生成が減少するため、意識して酵素を補うようにしています。例えば、サラダやスムージー、ヨーグルト、納豆、キムチなどの発酵食品を日常的に摂取しています。これにより、腸内環境が整い、腸活の効果を実感しています。腸内環境が良好だと、消化がスムーズになり、身体全体の健康感も向上します。

　また、高脂肪食品や過剰に加工された食品を避け、自然な食材を選ぶことを心がけていますが、日常的に実践するのが難しい場合もあります。そうした時には、酵素サプリメントを取り入れると便利です。加熱処理された液体のサプリメントよりも、ペースト状のものを選ぶことで、酵素の活性を保つことができます。

　最近では、GDF-11（成長分化因子の一種）を含む羊膜酵素を試していますが、これも日常のサポートに役立っていると感じています。これらの取り組みにより、内面からの健康を支える実感を得ることができ、

日々の生活がより充実しています。

3．泡洗顔で肌を健やかに保つ

　私が取り入れているもう1つの効果的なスキンケア方法は「泡洗顔」です。泡洗顔は、肌に優しいクレンジング方法で、きめ細かい泡を使って肌を洗うことで、汚れや余分な皮脂をしっかりと落としながらも、肌への負担を最小限に抑えることができます。

　泡洗顔には、シンエイク配合の洗顔料を使用するのがお勧めです。シンエイクは、蛇の毒による神経や筋肉の収縮作用に着想を得た成分で、ボトックスのような働きが期待されます。これにより、肌を滑らかにし、健やかな状態を保つのに役立ちます。泡立てネットを使ってしっかりと泡立てた後、泡を顔や身体に均等に広げるだけで、肌の表面を傷めることなく、毛穴の奥の汚れも取り除くことができます。

　この方法を継続することで、肌のキメが整い、さっぱりとした洗い上がりを実感しています。洗顔後の肌がしっとりとし、化粧水や美容液の浸透も良くなり、より健やかな肌を保つことができると感じています。

まとめ

　ここでは、心身のバランスを整え、内側から美しさを引きだすための方法を紹介しました。まず、さとう式リンパケアによる循環改善、次に酵素の取り入れによる健康サポート、そして泡洗顔による優しいスキンケア法をお伝えしました。

　これらの方法を実践することで、心身の健康と美しさを向上させ、充実した日常生活を送る手助けとなることを願っています。

〈プロフィール〉菊田 アキ（きくた あき）

美ジョンクリエーター
栃木県宇都宮市生まれ。日本女子大学文学部卒業。
子どもの頃からの夢だった出版を引き寄せたものの、執筆しようとした矢先に夫が突然亡くなり、失意のままに約2年間活動停止。絶望感に苦しみながらも、そのなかから生まれる新しい可能性や成長への扉を信じ、自分自身と向き合う。
「悲しみや苦しみが、人生において真の美を生みだすプロセスであることを知ってほしい」という願いを込め、2024年5月に『悲しむひとは、美しい。』（Clover出版）を刊行。
現在は、自分の経験をもとに心身ともに美しくなる方法を広めている。

主な実績	［これまでの主な講演・研修テーマ］ 「悲しみや苦しみを乗り越えることで真の美が創られる」 ［これまでの主なコンサルティング内容］ 美容健康系、ビジネス系
対応エリア	全国各地、海外も対応可
その他提供可能な サービス内容	―
その他の参考情報	［所有資格］ さとう式リンパケア公認上級インストラクター、セルフケアマスター ［著書］ 『悲しむひとは、美しい。』Clover出版
依頼者へメッセージ	私の体験を通じて得た知識や実践方法が、皆さまの健康と美容の向上に役立つことを心より願っています。
連絡先	①ホームページ https://akirin777.com/ ②ブログ http://ameblo.jp/asty22asty22 ③SNS https://www.facebook.com/akiko.kikuta.12 ④メールアドレス aki922pluto@gmail.com ⑤LINE公式 https://line.me/R/ti/p/%40jqt1518i

4-4 信条・特徴・取り組み・モットーなど
元気な心は元気な体から

日本人にお勧めなオノマトペを利用した心と体の整え方

パーソナルトレーニングジム「ホープフィットネス」代表／木暮淳一

　私は現在「ホープフィットネス」というジムを運営し、中学生から90代まで幅広い世代の方々にパーソナルトレーニングを提供しております。
「元気な心は元気な体から」
　体の動きが良くなることで、心も前向きになったり元気になるということを、どの年代の方にも実感していただけていると感じています。

　体を整えることで心を整えていくメソッドを紹介しつつ、最後に姿勢から心を元気にする方法をお伝えしますので、ぜひお試しください。

自分を客観視してマーケティングする方法「自分実況中継」

　パーソナルトレーニングジムに初めて来る方々は、皆さん不安を抱えていらっしゃいます。
　なぜ不安を感じているのかというと、自分がどういう状況にいるか客観的に見えていないという理由が一番多いと考えています。
　「なんとなく痩せない」「なんとなく体力が落ちてきた」というように、体が悪くなってきた原因とこれからの解決法がわかっていないため、漠然とした不安を感じている方が多いのです。
　ビジネスで言えば「マーケティングをしていないのに新規事業を開始しようとしている」ような状態と同じだと思います。

第4章　心身の健康・美容が増進する秘訣を伝える

　もちろんパーソナルトレーニングジムにお越しいただければ、日常生活のカウンセリングや体のチェックを行い、原因と解決策を提示することができます。

　しかし、なかなかジムに行くまで気持ちが上向かないという方も多いかと思います。
　そこでお勧めなのがスポーツ風の「自分実況中継」です。
　例えば、お腹がすいてお菓子を食べる時に、
「おおっと、高カロリーなお菓子を食べてしまった！　この後運動でどこまで消費できるか……」
　というように、心のなかでスポーツの実況風にすると、

- **高カロリーなものを食べた→太る原因**
- **それをこの後運動で消費する→解決策**

というように原因と解決策が自然と頭に浮かびやすくなってきます。
　それだけで脳が自然とこれから行動をする方向に働いてくれますので、運動も始めやすくなります。

　自分のことを客観的に見ることができて、なおかつ辛さもあまり感じません。何より楽しいので、続けやすいというのが一番お勧めする理由です。
　他にも、

- **今日は暑い → けど大股で歩いている自分偉いです**
- **飲み会 → いつもよりお酒を抑えてサラダを追加した自分、意識高いです**

のように自己肯定感を高める方法もお勧めです。

日々の仕事や生活がちょっと前向きになると思いませんか。
ジムの会員さんには結構好評です。

ビジネスパーソンにお勧めな「オノマトペ」を使った体と心の整え方

アニメや漫画に代表されるように、日本人は小さい頃からオノマトペ（擬音語と擬態語の総称）に慣れ親しんできました。

このオノマトペを使用しながら自分実況中継や日常の動作を行うと、自然と体と心が整いやすくなります。

例えば、

・あの人はスッと背すじが伸びている
・あの人はビシッと背すじが伸びている

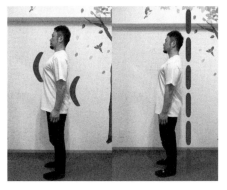

のように、オノマトペを使用すると同じ背すじを伸ばす動きも印象が変わります。

特にビジネスパーソンの方にとって大切な第一印象も、

・スッと背すじが伸びている人→優しい性格のイメージ
・ビシッと背すじが伸びている人→責任感が強い性格のイメージ

というように変わることを想像していただけるかと思います。

第4章　心身の健康・美容が増進する秘訣を伝える

歩き方も見ていきますと、

・スッと歩く→ しなやかな動きの印象
・せかせか歩く→ 急いでいる印象

というように、印象が変わります。

このように筋トレやジムでの運動をしなくても、姿勢や体の動きは変えることができます。

・しなやかな姿勢や歩き方を心がける → 気持ちもしなやかに軽くなりやすい
・力強く背すじを伸ばして歩くことを心がける → 気持ちも強くなりやすい

【体を変えると脳が変わる → 気持ちも変わる】

という関係が体と心にはあると言われています。

ちなみにこれは筋トレにも言えることで、しなやかに体を動かす意識で筋トレをすると、しなやかな筋肉がつきます。
　グッと力を入れると力強い筋肉がつきます。

　皆さんは大切な仕事に向かう時に「ビシッと」背すじが伸びていますか？
　しなやかな外見になりたいのに「グッと」力んで筋トレをしていませんか？
　元気になりたいのに「のそのそ」歩いていませんか？

ぜひ一度、体と心のイメージをリンクさせてみてください。

前向きな気持ちになる楽しいオノマトペを利用した自分実況中継

　実際にオノマトペを利用して普段の生活を過ごすように意識すると、心が前向きになりやすくなり、以前より楽しくなります。

　中学生でサッカー部に所属する会員さんは、うまい人と比べて自分が足りていない動きがわかりやすくなったと伝えてくれました。
　またモデル活動を始める予定の方は、今までただ歩いていたけれど、歩くことが辛くなくなったと伝えてくれました。

　楽しいこと、辛くないことのほうが人間は長続きするものです。
　人生楽しんだもの勝ちです。

　ぜひ、楽しくチャレンジしてみてください。

【実践例】

「今日はいつもより疲れているな………、スッと背すじを伸ばして歩こう」
「これから大切な仕事で緊張している……、シャキシャキと歩こう」
「仕事でイライラしているな……、周りにいやな思いをさせないようにキラキラ笑顔で一日過ごそう」
「これから格上のチームと試合だから、ビシッと背すじを伸ばして堂々としよう」
「腕を細くしたいから、スッと体を動かす意識で筋トレをしよう」

第 4 章　心身の健康・美容が増進する秘訣を伝える

〈プロフィール〉**木暮 淳一**（きぐれ じゅんいち）

パーソナルトレーニングジム「ホープフィットネス」代表
大手総合型ジムに 4 年間勤めたのち、外資系ホテルジム、大学内ジム、都内体育館などさまざまな場所で幅広い年代の方々のトレーニングサポートを務める。
2021年ジム設立。中学生～日本代表選手のアスリート・一般の方のパーソナルトレーニング指導に携わる。
好きなアイドルは、えあらびゅー。

主な実績	[これまでの主な講演・研修テーマ] 疲れにくく痩せやすくなる歩き方セミナー 小学生かけっこ教室 J:COM『街ドキ埼玉』出演 中央工学校非常勤講師「コンディショニング上級」クラス [これまでの主なコンサルティング内容] ・Super GT佐々木大樹選手 ・フェンシング日本代表選手 ・中学生アスリート～90代の健康運動まで幅広くサポート ・サロンモデルさん～一般の方のダイエット
対応エリア	埼玉県・東京都
その他提供可能な サービス内容	出張パーソナルトレーニング 企業向け健康運動セミナー
その他の参考情報	[所有資格] NSCA-CSCS NASM-GFS FNT神経学トレーニング認定トレーナー 日本健康マスター検定認定 [著書] 『スポーツのキレが 3 倍上がる筋トレ術』（Kindle版）
依頼者へメッセージ	心と体両方が元気になる体の動かし方・整え方をお伝えしています。 辛いトレーニングよりもしなやかな体と心をつくる方法をお伝えいたします。
連絡先	ホームページ https://kigure-trainer.com/ SNS インスタグラム https://www.instagram.com/hopefitness_kigure/ メールアドレス kigure.sc@strength-j.com

4-5　信条・特徴・取り組み・モットーなど

文章と英語を愛しています

人生を開花させた 4つの大切なこと

中村容子

あなたはどんなタイプの人ですか？

　もし、あなたが自分は弱い人間だ、ストレスにも弱いし、人間関係もうまくいかないというような悩みを持っておられたら、こういうふうに申し上げたいです。それはあなたの体質で、あなたが他の人、例えば逆境にもめげず立ち向かっていくタイプの人たちや、むしろ無神経に見えるくらい、<u>周りを気にしない人たちより劣っているというわけではありません</u>。したがって、自分を責めたり、もっと強くなりたいという思いを持つ必要はないのです。

　体質と申し上げましたが、自律神経が弱い（バランスが乱れやすい）体質の方々は、繊細で気遣いができる人です。押しが強くて周りに気を使うことを知らず、本当に自分のしたいことのためには人と争ってでも、その成功を目指すというタイプの人に、とりあえず協力したり、自分に負担がかかっても、しかたがないと思ってしまうタイプなのです。そして、気がついたらサポートする側になってしまい、表面的にはその人に負けてしまうような錯覚に陥ってしまうのですが、それもほとんどが自分の思い込みだと思ってください。

その人はあなたにとって価値ある人でしょうか？

　自律神経が弱いのは生まれつきの体質です。しかも、育った環境、例

えば兄姉がいなくて兄姉喧嘩をしたことがない人の多くは、言い争いが苦手で、言われたことに悔しい思いをしてもその場で言い返せないのはしかたのないことだと思います。

　まず考えてみてください。あなたを傷つけたり嫌な思いをさせた人は、あなたが悩むほどあなたにとって価値のある存在でしょうか。同僚、近所の人、友だちなどであったら、その人の存在を心のなかで打ち消してしまい、大切なのはあなた自身と思い直しましょう。ただ無神経な人、自分が不幸だから他人にも嫌な思いをさせていいと思っている人は多いし、その人が誰かに悩まされた時は他の誰かに聞いてもらってうっぷんを晴らすのです。そのような自己中心的な人とは、できるだけ交流しないようにしましょう。あなたが思い悩んだ時は話を聞いてくれる専門家、心療内科であったりメンタルクリニックであったり、精神科の病院であったり、あなたに合う医師を探すことをお勧めします。

勝ち負けにこだわることなく、一番大切なことは何かを考える

　なぜ私がこの話から書き出したかと申しますと、私は小学校1年生の時、担任の女性教師が言うことを聞かない男子生徒にひどい暴力を振るうのを見て、怖さを覚えて体調を崩してしまいました。その先生は、当時の教員としてはお洒落で美人で優しい人だと思っていました。

　それ以来、その先生の姿を見る度に気分が悪くなって体調を崩していました。そうした私の身体の状態を母が心配し、病院に行くことになりました。この時の診断名は「自律神経失調症」ということで、10日前後入院することになりました。短い間でも先生から完全に離れる入院は、私をいっきに回復に向かわせてくれました。相手は先生で圧倒的な力を持ち、私は子どもで「暴力はやめてください」とは言えなかったのです。

　その後回復して学校に通いましたが、その先生は依然として常に自分が相手に勝って優位に立つことにエネルギーを注いでいるような人でし

た。

　もしもこのようなタイプの人に遭遇した時は、勝ち負けにこだわることなく、一番大切なことは「自分がどう考えているか」ということです。可能であれば、相手にせずにその場から離れることで自分を守ることです。あなたが適切な方法で自己を表現することで、周りの人はあなたを認め、あなたの優しさや強さを愛してくれるでしょう。

　自分を大切にするうえで大切なことのもう１つは、身体を大切にして健康を保つことです。私も前述したように、体調を崩した時に病院の先生に助けていただきました。身体に普通でない異変を感じたら、どんなに忙しくても時間をつくり病院に行きましょう。ここでさらにもう１つのポイントです。体調が悪い時にすぐ診てくれる病院を確保しておくことです。その病院の先生が自分の専門外なら、妥当な病院に行くように言ってくれるでしょう。そういう先生がいるだけでも安心できます。

人前では口角を上げることを意識すると幸運が舞い込む

　小学校１年生で「自分を大切にする」ことを学んだ私は、それから、一人の時は眉間に皺をつくっていても、人前では口角を上げていると、優しい表情になり周りも優しいことに気づき、そう心がけていたら小学校６年生の時に、ひいきが強いことで有名な先生にひいきにされて、とても成績が伸びました。なぜなら、私は先生が自費で買ってくれた国語・算数・社会の３冊の問題集を一生懸命勉強したからです。その後、中学校に行ってからは成績優秀な生徒として先生に認められるようになりました。私はその後も頑張って勉強しました。良い高校に入り、それからの私は良い友だちに恵まれ、楽しい青春時代を過ごせました。

教員になる決意とその後

　大学４年生になった私は、教育実習を機会に先生になる決意をしたのでした。

それから約16年の時を経て、私は念願の修士課程を取得するべく、日本に居ながら授業が受けられるアメリカの大学院を見つけ、猛然と勉強しました。当然、授業は全部英語で行われ、辞書を引きながら教科書を読んでいく日々が続きました。

　コースワークを終え、大学時代に習ったアメリカ人の先生から電話が来たのは、これからゆっくり修論を書こうと思っていた時でした。そのくぐもった声が懐かしく「あの日のこと覚えてますか？　そうシェークスピアの劇を見に行くのに、車に乗せてくれましたよね？」と話しかけました。するとその先生は「君、随分英語が上手だね。ちょっと待って」と言うと、1週間後にまた電話が来て「我々は君を専任教員として迎えたい。どうですか？」と言われ、あまりにびっくりして、腰が抜けたというか椅子に30分くらい座って、それから家族に「お母さん大学の先生になるよ」と言いました。母も含め子どもたちも「良かったね、おめでとうお母さん！」と言ってくれました。そしてその大学に呼ばれ面接を受けて、英文科の学科長と学長に「我々は、若い女の子が大人になったらこんなふうになりたいと思うような女性を探していた。あなたはぴったりだ」と言われました。嬉しくてたまりませんでした。その後もいろいろありましたが、最後まで大学教員として終えることができました。

ストレスとの上手な付き合い方

　ここで振り返って思うことは、自分が好きなことを仕事にできるというのは本当に幸せなことですが、それでもストレスは必ずついてきます。大学の専任教員は会議の連続で、それはまさにストレスでした。そうなったらストレスと上手に付き合うしかありません。そのためには優秀で話を聞いてくれる主治医を頼ること、特に不眠症の人は、上手に薬を出してもらい睡眠をきちんと取ることが大切です。睡眠が取れれば何よりのストレス解消になるし、他人からの咄嗟の攻撃にあっても、少な

くともやり過ごすことはできるはずです。

最後に
　私が大学院に行ったのは子どもを抱えて離婚した後です。<u>本当にしたいことは、順番が狂っても必ずできるものだと思います。</u>人生短いし波もあります。元夫と離婚するのに５年もかかり、心身共に疲れ果て、鬱病になった時は、もう人生は終わったと思った私ですが、語学力を身を守る武器として今も勉強を続けています。
　まずは何かしたいことをやってみてください。そしてそのためには、「勝ち負けにこだわらないこと」「身体を大切にして健康を保つこと」「人前では口角を上げることを意識すること」「ストレスと上手に付き合うこと」など、私が得た大切なことがお役に立てば幸いです。

第4章 心身の健康・美容が増進する秘訣を伝える

〈プロフィール〉**中村 容子**（なかむら ようこ）

小樽短期大学（廃校）専任講師。札幌学院大学・千歳科学技術大学非常勤講師。

主な実績	①エミリー・ディッキンソン、アルベルト・リオス ②大学生の相談に乗る
対応エリア	日本、アメリカ、カナダ
その他提供可能な サービス内容	オンラインで、英語、英会話の指導
その他の参考情報	[所有資格] 英語科教員免許 [著書] 詩集『きりんになりたい』響文社 『POWWOW ENGLISH COURSE I 予習・サブノート』文英堂
依頼者へメッセージ	お気軽にお問い合わせください。
連絡先	メールアドレス yoyopurple513@gmail.com ynakamura.513@outlook.jp ynakamura513@jewel.ocn.ne.jp

第5章

生活や仕事の不安をなくす方法を伝える
～個人・従業員編～

　昨今、世の中の変化が激しく不確実なため、多くの人が生活や仕事において不安を抱えています。

　そこで本章では、7名の講演講師・コンサルタントのそれぞれの切り口から、個人・従業員としての生活や仕事の不安をなくして元気になる考え方や方法をお伝えいたします。

　本章の内容をテーマにした講演・研修・セミナーを実施することにより、参加者の心の健康増進に大きく貢献し、自己肯定感やモチベーションの向上など多岐にわたる効果をもたらします。またそのことで、仕事のパフォーマンス向上にもつながり、ひいては企業全体の活性化にも貢献します。

5-1 信条・特徴・取り組み・モットーなど

人間関係の質＝QOR（Quality Of Relationship／造語）の向上を通じて、人と組織を元気にするお手伝いをしています！

強い組織は、コミュニケーションでつくる！

Confidante Consul代表／大槻美菜

法務・経営・心理学の３方面からトータル支援するコンサルタントへ

　初めは、2000年から続けるフィリピンの児童養護施設の支援活動での気づきでした。年齢も背景もバラバラな人が集い、仕事ではないのに誰もが意識が高く、メンバーが入れ替わってもその活気や精神は失われない。当時から、ここには組織にとって大切な何かがある、と感じていました。

　その後、30歳で行政書士として独立し、創業支援を専門とするなかで起業家たちの夢や熱い想いを伺える機会に恵まれました。一方で、必ずしも全ての事業が継続しない現実にも直面し、それならば経営支援にも携わりたいと中小企業診断士の資格を取り、コンサルタントになりました。ところが今度は、企業が抱える問題や、経営者・リーダー層の悩みの多くが、人間関係や組織の風土に行き着くことを痛感し、それと同時に、こここそが私が最もお役に立てて、かつ、力を発揮できる領域だ！と直感し、かねてから学んでいた心理学にも本腰を入れ、現在、法務・経営・心理学の３方面に強いコンサルタントとして組織変革の支援に尽力しております。

　さて、このような私が活用しているノウハウの原点は、実は、人と人

のトラブルを解決する「調停人」としてのスキルや経験にあります。

コミュニケーションが変わると、トラブルをも解決する

　私が所属する調停センターは、日本ではまだまだ珍しい対話促進型調停を提供する機関で、その名の通り、当事者同士の「対話を促す」ことでトラブル解決を図るスタイルを採用しています。トラブルは、事故やアクシデントがきっかけで起こることも多いのですが、それをトラブルに発展・炎上させてしまうのは、たいていはミスまたはディスコミュニケーションです。疑心暗鬼、誤解、すれ違い、思い込み、望んでいることや見ている景色の違い、牽制、不満……そうなると当事者の真の望みは、問題の形式的な解決より、不安・不満の解消や関係改善にあることも少なくないのです。そこで重要になるのが「コミュニケーションの在り方を変える」ことです。ピリピリした雰囲気のなかであっても、コミュニケーションの在り方が変われば、対話を促し、不安や不満を解消して関係改善を図っていくことができるのです。

　トラブルの渦中にいる人たちでさえ関係を改善できるなら、組織にも応用できる！　過去の清算より未来の創造にフォーカスするこの方法は、今の時代でこそ求められている！　そう確信し、この調停での知識やスキルを実際、多くのワークショップやプログラムに応用しています。

ストレートなコミュニケーションが、組織に活力を生みだす！

　ところでコミュニケーションについて語るとき、今や、"心理的安全性"という概念は欠かせません。2015年にGoogle社がチームのパフォーマンスを高める最重要要素として発表したことで注目されましたが、元々は、ハーバード大学のエイミー・エドモンドソン教授が1999年に提唱した概念です。当時、医療現場におけるミスとチームワークの関係性

を調べていた教授は、有能なチームほど"ミスが多い"という予想外の結果に驚き、その後、有能なチームは"ミスを報告する数が多い"のだということを発見し、そのような"ミスについて率直に話し合える風土（の違い）"に「心理的安全性」と名前をつけたのです。（エイミー・C・エドモンドソン著『恐れのない組織』英治出版より）

"心理的安全性が高い職場"について私自身の経験と理解を交えてお伝えすると、決して穏やかで対立のない職場などではありません。率直な意見が飛び交い、そもそも論争を繰り広げることを恐れず、漠然とした気がかりや懸念も臆せず口にできて、時にズケズケともとれるやり取りが交わされている、端的に言えばストレートなコミュニケーションがある状態です。先に述べた調停の場においても、攻撃という形ではなく、本当に伝えたいことを伝え、また、受け止められる環境を整えることこそが、調停人に求められる力なのです。

このようなストレートなコミュニケーションは、ある程度スキルで実現することもできますが、スキルより大事なことは、組織のために共有すべきことを率直に伝え、言った責任も言わなかった責任も引き受ける誠実さが前提にあることだと感じています。さらに、"人は完璧ではない"、"仕事や商品には失敗や不確実性がつきもの"、"犯人探しより組織全体の成長を優先する"といった、認識や目的が共有されていることも重要です。これらによってメンバー間の信頼が醸成され、個々人の気づきや感性、想いや意見が、組織としての知見や活力へと昇華されていくのです。

心理的安全性が低い状態、「沈黙」を変えるには？

では逆に、心理的安全性が低い職場とはどのようなものでしょうか？それは、ストレートなコミュニケーションがない、"沈黙した"職場で

す。組織的な沈黙による悲劇は、1986年チャレンジャー号や2003年コロンビア号のスペースシャトルの事故で知られていますが、今なお沈黙による悲劇は、大なり小なりさまざまな組織で起きていると感じます。

「沈黙」が蔓延する原因としては、無知・無能・ネガティブだと思われたくない心理や、今回も大丈夫だと思いたい正常性バイアス、情報不足による思考停止、周囲からの圧力などがあります。

　ここで1つ、組織的沈黙が蔓延している状態から心理的安全性を高めていった、ある企業の例をご紹介します。

　その企業では各部門が独立採算的に運営されており、お互いにやり取りはするけれど、深く踏み込んだ話をする機会や習慣はありませんでした。そのため、納期が遅れたり業務の進捗情報が入ってこなくても理由がわからず、双方不満を募らせるばかりでした。そこで私の提案により、リーダーや主要関係者が一堂に会して、中長期ビジョンや企業が今、直面している課題について話し合う場を設けることにしました。表向きの意見や主張だけでなく、そのような意見を持つに至った理由や背景、目指したいものにも焦点を当てて。すると、今まで見えていなかった相手の部署の細かな業務プロセスや苦労、努力や熱い想いも知ることができ、未来に向けた目標や改善点を素直に語り合える関係性を築くきっかけとなったのです。

組織を変える、コミュニケーションの在り方

　人は、何をするかやどうするか（What・How）という手段を前面に出して議論をすると、正当性を主張し合って対立を深めてしまいますが、その背景や目的（Why・Purpose）に着目すれば、理解し共感し合えることが多くあるものです。思えば冒頭で述べたボランティア団体でも、1つでも反対意見があれば、その理由について納得できるまで話し合い、指摘も感謝もしっかり伝え合うという習慣があり、そのようなコミュニ

ケーションの在り方が、やる気や活気につながっていたのだと、今は思います。

　強い組織になるためのプロセスは必ずしも一律ではないと思います。ただ1つ実感を伴って言えることは、コミュニケーションの在り方が変われば組織は変わっていける、ということです。コミュニケーションの在り方を変え、強い組織をつくる。そのためのお手伝いをさせていただけたなら、心より嬉しく思います。

第5章　生活や仕事の不安をなくす方法を伝える〜個人・従業員編〜

〈プロフィール〉**大槻 美菜**（おおつき みな）

Confidante Consul代表
広告代理店、制作会社、複合型商業施設に勤務後、独立。3つの資格を活かしたコンサルタントとなる。
経営人財育成、企業の課題整理やビジョン策定、組織に対話を生み出すチームビルディング、LEGO®SERIOUS PLAY®メソッドを活用したオリジナルワークショップ、1on1導入など、組織力を高める支援に力を入れている。

主な実績	[これまでの主な講演・研修テーマ] ・企業の強みの掘り起こしと成長戦略（経営人財育成研修） ・最高のリーダーとは何か？／最高のチームとは何か？（経営人財育成研修） ・1on1導入研修／メンター導入研修／OJTリーダー研修 ・相談員のための「相談技法」研修 ・行政書士実務講座「傾聴」研修（立正大学　非常勤講師） [これまでの主なコンサルティング内容] ・「対話」と「主体性」を生み出すチームビルディングワーク ・幹部のための課題整理とビジョン策定支援 ・社員から始める組織改革支援 ・企業の秘めた力を戦略につなげる「知的資産経営」支援
対応エリア	全国
その他提供可能なサービス内容	・小・中・高等学校における法教育出前授業（決まりは何のため？／意見の違いと話し合い（交渉教育）／みんなが楽しい学校にするには？（いじめと人権教育）　ほか） ・「中・高等学校対抗交渉コンペティション」審査員
その他の参考情報	[所有資格] 特定行政書士・中小企業診断士・産業カウンセラー LEGO®SERIOUS PLAY®メソッドと教材活用トレーニング修了認定ファシリテータ
依頼者へメッセージ	オリジナルの研修プログラムやワークショップの開発、経営者やリーダーの方と一緒に考える伴走支援に定評があります。どのようなプログラムが最適かのご相談から、お気軽にどうぞ。
連絡先	ホームページ https://confidante.biz/ ブログ https://note.com/confidante/ メールアドレス office@confidante.biz

5-2 信条・特徴・取り組み・モットーなど

人生経験が豊かなパーソナルコーチ

夢に日付を。そして勇気を出して一歩を踏みだそう!

なよたけ代表／加藤ゆきこ

自分で道を切り拓いた経験

　ことわざに「三つ子の魂百まで」とある通り、幼少期からとても好奇心が旺盛だった私は、その後の人生でも、何か新しいこと、面白そうなことを見つけては、それにチャレンジして今日まで歩んできました。

　そして、そのプロセスにおいて、たとえどんな逆境に直面しても、知恵と工夫と努力で、必ず壁は乗り越えられるものと信じているのです。そのことを学んだのは、私が中学生頃の体験からでした。

　ある事情から急に家族全員でアメリカに引っ越すことになり、私も東京からロサンゼルスのパブリックスクールに転校したのですが、全く英語が話せないまま編入したので、当初は強い孤独感に襲われました。友だちは一人もいなくて、先生が授業で話していることも理解できず、小学校に通う妹は「日本に帰りたい」と泣き叫ぶ毎日だったのです。でも姉である私までもが泣くわけにはいかず、妹に「じゃあ、毎日覚えてきた単語をお互いに教え合おうよ！　そしたら二人でたくさん覚えられるし、半年も経ったらペラペラしゃべれるようになるって。大丈夫！」と励ましたのでした。

　その後も、なんとか英語を話せるようになりたくて自分なりの工夫を重ねました。大好きな映画『サウンド・オブ・ミュージック』のビデオを何度も繰り返し観ながら、シーンごとにセリフを覚えていったので

す。ある時そのフレーズを学校で使ってみたら、英語がスッと通じたのでとても嬉しくなり、それからは映画のセリフを応用して会話をする「自分流」で、どんどんと自信をつけていきました。

　また、国語（英語）や音楽の先生がとても優しい方たちで、私の気持ちや英語のレベルを汲んで、どこかに強みを見出そうとしていつも温かい手を差し伸べてくださったのです。一生懸命に前へ進もうと努力する人を応援してくれる文化がアメリカにはあって、これは素晴らしいことだと思っています。ある時、中学校の音楽祭で歌を披露するチャンスをもらいました。友だちになった日本人とイタリア人と私の３人で『翼をください』を日本語で歌ったところ、聴いていた生徒やその両親たちが皆一斉に立ち上がって拍手してくれたのです。初めてスタンディングオベーションを体験し、私は「やっとこの国に受け入れてもらえたんだ」と感動しました。そしてその日から、たくさんの同級生が声をかけてくれるようになったのでした。

話すよりも聴くほうが好きなタイプ

　このようなアメリカでの体験記を話すと、私のことを積極的に自分から声をかけていくタイプだと思われるかもしれませんが、実は小さい頃から、話すことよりも聴くことのほうが得意な子どもでした。家族が多くて、しかもみんなが話し好きな人間でしたので、私はいつも聴く側に回っていたのです。でも、それがイヤではなかったのですね。そしてこの性格が今のコーチングの仕事にとても役立っているのだと思います。

　二人の娘たちは何でも相談してくれますし、コーチになったのも、ある時、長女から「ママは人の話を聴くのが上手だから、コーチングの仕事がピッタリなんじゃない？」と言われたことがきっかけでした。それからコーチングというものに興味を持って、本格的に学び始めて資格も取得しました。

　でも資格自体はあまり大事ではなく、コーチングで大切なことは、ク

ライアントさんの人生にどれだけ真剣に向き合えるかだと思います。そしてそのためには、相手の話をしっかりと聴いてあげて、今どういうことを感じ、何を思っているのかを想像できる感性も必要になります。私の場合は、これまでの人生での良いこともそうでないことも含めたさまざまな経験が、自分の感性を磨いてくれた気がしています。

　紙幅の関係上、私の人生ストーリーの多くをここでお話しすることはできませんが、結婚してすぐ夫の仕事の都合でニューヨークで暮らしていた時に、マンハッタンにある子どもミュージアムで働いたことがありました。その施設では、子どもたちに絵本の読み聞かせや一緒に工作をしたり、童謡を歌ったりする活動をしていたのですが、そこで学んだことは、子どもは頭ごなしに指示しても動いてはくれないということでした。目の前にいるこの子は今、どんな気持ちなのかを考えて、伝えたい意味を本人がちゃんと受け取れるように、気分に寄り添いながら声をかけることが大事だと気づいたのです。まずは相手の心の声を聴くという大切なことを、子どもたちから教わったのでした。

私のコーチングスタイル

　このような体験がベースにあるので、私はコーチングでクライアントさんの悩み事をお聴きする際にも、話している言葉を額面通りには受け取らず、今、話している言葉の底にある心理状態や、本当に話したいことは何なのだろうかと想いながら聴くことが習慣になっています。

　親子関係や、職場での人間関係に悩みを抱える方のお話を聴いて心から共感しつつも、一方で「口ではこう言っているけれど、本音ではこうも言いたいんじゃないのかな」と推察します。そこで私から「今のお話、こういうふうにも聞こえるんですけど、どう思いますか？」と投げかけてみると、相手から「そう言われてみて、今、初めて自分の本心に気づきました。そうだったんですね……」と言われることが結構ありました。自分のことは自分が一番わかっているようで、実際にはそうでな

いことも多いんですね。

　私は父親が経営していた中小企業を引き継いで苦労したこともあれば、子育てに悩んだ時期もあります。今、私のクライアントさんは経営者やビジネスパーソン、そして親子でそれぞれ別に私のセッションを受けてくれているケースなど多岐にわたっていますが、多くの方々から、「家族にもなかなか言えないことを、ゆきこさんになら安心して話せる」という嬉しいお言葉をよくいただきます。人生において、一人でもいいから「自分のことを何でも話せて、何でもしっかりと聴いてくれる人、そして理解してくれる人」がいたら、どれほど幸せなことでしょうか。

人生をしなやかに生きよう

　私がコーチングをしている会社は「なよたけ」という屋号なのですが、これはまっすぐ天に向かって伸びている竹の凛とした姿と、それでいてしなやかさも持ち合わせているところが大好きなので、率直に柔軟に生きたいという願いを込めて命名しました。それと、竹は大地にしっかり根を張っていますが、やはり自分の基盤がしっかりしていないと、人の悩みに余裕を持って真剣に向き合えないと思うのです。人間同士の信頼関係ができていないと、人は心を開いてくれないものなのです。

　クライアントさんの成長や喜びが私の喜びでもありますので、たった一度だけの人生をもう少し豊かにしたい、日々やりがいを実感して生きたいという方の夢を本気で応援したいのです。夢に日付を入れましょう！　そして、小さくてもよいので自分から一歩を踏みだせた時、そこにはきっと明るい風景が見えていることでしょう。

〈プロフィール〉**加藤 ゆきこ**(かとう ゆきこ)

なよたけ代表
ロサンゼルスで中学・高校時代を過ごし、OL時代を経て、結婚後は夫の駐在先ニューヨークにて出産。独自の教育法で二人の子どもを育てる。帰国後は父親の会社を引き継ぎ、経営者として奮闘後に売却。なよたけを創業し、豊富な経験を活かしたコーチングで、親子関係の改善や女性の自立、キャリアアップを目指す方々、不登校生をサポートしている。

主な実績	ビジネスパーソンのキャリアアップ支援。職場の人間関係の改善支援。親子関係・家族関係における悩み事の解決支援。女性の自立支援、不登校生の精神的支援に成功実績が多い。 ［これまでの主な講演・研修テーマ］ 逆境に打ち勝つマインドセットの形成：どんな状況でも前向きに取り組むための考え方と実践方法を紹介。／EQ（エモーショナルインテリジェンス）の育成：職場でのコミュニケーションを円滑にするための感情管理と他者理解のスキルを学ぶ。／成功事例の共有：実際に私が経験した成功事例を通じて、具体的なアプローチ方法を伝授。／情緒の安定を促す：子どもの感情を理解し、情緒を安定させるための具体的なアプローチを紹介。／子どものリーダーシップを養うコミュニケーションスキル講座を開催。
対応エリア	オンラインで全国・海外（英語圏）に対応可能
その他提供可能なサービス内容	海外に転勤される社員さま向けのコーチングや、本人以外に家族の方々のメンタル面のサポートやコーチングも提供可能。
その他の参考情報	［所有資格］ICF国際コーチング連盟認定校 （一社）東京コーチング協会認定アソシエイトコーチ（TCAAC）
依頼者へメッセージ	企業において「逆境を克服するためのマインドの磨き方」などのテーマで講話や研修を承っております。
連絡先	なよたけホームページ https://coach-nayotake.com/new-page-1 SNS 　Instagram　　yukikokatoh3588 　Facebook　https://www.facebook.com/yukikokatoh3588/ 　ポッドキャスト　https://stand.fm/channels/65e690de3e0b28cf81c9030b メールアドレス：thenayotake@gmail.com

第5章　生活や仕事の不安をなくす方法を伝える～個人・従業員編～

5-3　信条・特徴・取り組み・モットーなど

人生を豊かに送りたい人を応援しています！

努力の方向性

宅島 奈津子

勤勉な日本人

　私たち日本人は、勤勉であることや一生懸命努力することがいいことであると、信じて疑うことなく生きてきました。それはもちろん、日本人として非常に素晴らしく、誇らしいことではありますが、そういった真面目な気質が時に災難を招いてしまうことも少なくありません。

　例えば、自分で自分を追い込んで精神的に病んでしまったり、もっと努力しなければ自分には価値がないと責め続けて苦しくなったり、そういったことがエスカレートして自殺を図ってしまうケースだってあります。

　ですが、昨今では、自分を大切にしよう！　自分自身を受け入れ、認め、許してあげよう！　自分を信じよう！　といった風潮に変わってきています。必ずしも努力することが正しいとは限らないのです。

自分を大切にするということの、本当の意味

　そうはいっても、自分を大切にするって、具体的にどうしたらいいのかわからないといった方がほとんどではないでしょうか。以前の私もそうでした。自分を大切にしないといけない、というのは頭ではわかっているけれど、何をしたらいいのか、どうしたらいいのか、答えが出せないから、結局もっと頑張らないといけない、努力し続けないといけな

い、といった思考に落ち着いてしまいます。もしくは、自分自身では大切にしているつもりが、全くできていないことも少なくありません。

　それもしかたありません。なぜなら、私たちは自分の心を押し殺す教育を受けてきたのだから。我慢することや謙遜することが美徳であるといった環境で育てられてきたため、自分の心は二の次だったのです。それを今さら、自分を大事にしよう、大切に生きようと言われたところで、どうしたらいいのかわからないのは当然のことなのです。

　では、どういったことが自分を大切にするということなのかと言うと、まずは自分にとっての快・不快を理解してあげること。自分はどんな時に嬉しいのか、楽しいのか、あるいは悲しいのか、苦しいのか、といったことをわかってあげること。それができたら、嬉しい時間、楽しい時間を増やし、悲しい時間、苦しい時間を排除していく。これだけで人生は大きく変わっていきます。自然と物事が好転していきます。なぜなら、引き寄せの法則や量子力学といった話につながっていくからです。その類いの書籍はたくさんあるので、興味のある方は読んでいただけたらと思います。ここでは詳細は省きますが、嬉しい・楽しい気分でいる時間が増えれば増えるほど、そういった事象が起こりやすくなってくるのです。

　だから、まずやってほしいことは、自分の感情に目を向けてあげること。他人を傷つけてしまったり、法に触れることでない限り、もっと好きに生きていいし、嫌なことはやめてもいいのです。それでも真面目な私たちは、どうしても人の目が気になったり、人に迷惑をかけていないか必要以上に気にしすぎたり、どうしたら効率的なのかを考えたりして、自分の心をおろそかにしてしまいがちです。そんな時は思い出してください。本当はどうしたいのか、本音ではどう感じているのか、考えるのではなく、感じてあげること。これを繰り返していくことで、どうすることが自分を大切にするということなのかがわかってきます。

「頑張る」という言葉

　皆さんは「頑張れ！」と言われたら、どんな気持ちになりますか。純粋に嬉しい、応援してくれていると感じることができるなら、それが一番いいとは思いますが、私たちは一人ひとり、育ってきた環境も考え方も感じ方も違います。人それぞれどう感じるのか、異なっていて当然です。私自身、以前は快く受け取り、嬉しく思っていました。ですが、いつからかそう思えなくなったのです。先程、人によって考え方・感じ方が違うという話をしましたが、同じ人間であっても、環境やタイミングによってそれらは変わってくるということです。

　では、どう捉えるようになったのか、どう感じるようになったのかというと、「これ以上何を頑張れっていうのか。今でも十分頑張っているつもりなのに」といった感情が湧き起こってくるようになったのです。というのも、頑張ること、頑張りすぎることが苦しいと感じるできごとがあったからだと実感しています。私は日頃から、娘に「お母さんは頑張れって言うのも言われるのも嫌い」と話をしているので、「お母さん、いつも頑張っているね」と言ってくれます。「頑張れ」よりも「頑張っているね」のほうが嬉しいと思いませんか。

生きるって頑張ること？

　私たちは、生きているだけで十分頑張っています。生きているといろいろなことがあります。予想外のことだって起きてきます。そんな事態を日々こなしている私たちは、本当によく頑張っていると思いませんか。生きているだけで頑張っている、とは思いますが、そう感じない生き方が正直ベストだと思っています。どういうことかというと、頑張っていると感じている限り、多少なりとも苦痛を伴っている場合があるということです。本来、私たちは人生を楽しむために、この地球上に生まれてきました。苦痛を味わうためでも、試練を乗り越えるためでもあり

ません。幸せを感じるために生まれてきたのです。だから、今後頑張っていくべきこと、努力すべきことは、自分自身を幸せにしてあげることなのです。

これからの努力の方向性

　これからの時代を生きていくうえで、どういった努力が必要なのか、どんなふうに頑張ればいいのか、といったことをお伝えしたくて、タイトルを「努力の方向性」とさせていただきました。苦痛を伴ったり、自分を追い込むような努力はやめて、今後は自分を楽しませてあげたり、幸せを感じさせるための努力にシフトさせていこう、方向性を変えていこう、ということです。そのために「感じる心」を育んでほしいのです。快なのか、不快なのか、というところに敏感になってほしいのです。

　とはいっても、日々慌ただしく生きている現代人の私たちにとって、それは簡単なことではないと思います。時間に追われているなかで、一瞬一瞬の自分の気持ちを汲み取ってあげるということは、容易ではありません。それでも、現状を変えたいとか、より幸せを感じて生きたいといった気持ちがあるのなら、実践することをお勧めします。自分を犠牲にすることは他人のためにはなりません。自分自身を幸せにすることができて初めて、他人を幸せにすることができます。自分が幸せになることで、周りに幸せを伝染させることができます。

　だから、まずは自分のために頑張ってみてください。自分自身の幸せを感じることへの努力をしてみてください。そうすることで、必ず現状はよくなっていきます。楽しいと思える時間、快適な時間を自分自身のために、もっと増やしていきましょう。そのために必要なことは、未知の体験を増やすことだと私は思っています。今までと同じ選択をし続ける限り、新しい世界は見えてきません。敢えていつもとは違う選択をしてみると、自分の好きなこと、自分にとって快適なことや楽しいことが見つかったり、増えたりして、より豊かな人生が送れることでしょう。

〈プロフィール〉**宅島 奈津子**(たくしま なつこ)

2004年長崎大学卒業後、沖縄県警察官拝命。念願の白バイ隊員となる。約15年間勤務の大半を交通課で過ごし、取締りを行うなかで暴走行為等を働く少年たちとの関わりも多く、1,000名以上の少年補導に携わった。職務期間中、子どもたちが非行に走る原因の根本は親子関係にある、ということと交通事故を防止するために大切なことを伝えたいという思いから沖縄県警察を退職。人の心理を根本から学び直し、警察官としての経験、3児の母親としての知見を活かして親子関係改善コンサルタントとしての活動を開始。また、交通事故防止に関する講演等を行っている。

主な実績	[これまでの主な講演・研修テーマ] 　講演タイトル①子育てに自信がなくても大丈夫〜本当に幸せな親子関係とは〜 　　対象者：思春期の子を持つ親御さん、教育関係者 　　講演概要：なぜ非行に走るのか、反抗するのか、思春期の子どもとどう接したらいいのかといったことを現役時代、実際に目にしてきた事例を踏まえてわかりやすく解説します 　講演タイトル②違反スレスレの道路交通法〜捕まらないために、ではなく加害者・被害者にならないために〜 　　対象者：運送会社をはじめとする業務で運転をする会社やその社員 　　講演概要：交通死亡事故の傾向や対策、実際に現場で見た悲惨な事故を挙げ、どうしたら事故を防げるのか、どんなふうに交通取締りを行っているのか、どうしたら違反で捕まらないのかといった運転される方にとって興味深い内容となっています
対応エリア	全国
その他提供可能なサービス内容	二輪車、四輪車の運転テクニック
その他の参考情報	[所有資格] 日本商工会議所簿記検定2級、秘書技能検定2級、実用英語技能検定2級、ハングル能力検定3級、中国語検定2級 [著書・メディア出演] 　著書『9つの事例で見る反抗期の乗り越え方』Kindle版 　　モーサイ、ヤングマシン等掲載 　NHK『ニュースシブ5時』、テレビ朝日『林修の今でしょ！講座』、TBSテレビ『ひるおび』
依頼者へメッセージ	お気軽にお問い合わせください。
連絡先	ホームページ：https://select-type.com/s/?s=qErZ08ZdduA メールアドレス：sraocbheil@gmail.com

5-4 信条・特徴・取り組み・モットーなど

パワハラ改善のNo.1コーチ

パワハラは、スキルの習得で改善できる！

日本キャリア・コーチング株式会社　キャリアコーチ／タカミタカシ

会社は制度を整えただけでは良くならない

　この言葉は、私がかつて人事部長や人事コンサルタントとして働いていた頃から、まさに肌感覚としてずっと抱いてきたことです。それだけに上に立つ経営トップやリーダー、マネジャーといった管理職が、まず部下としっかりコミュニケーションをとって、健全に組織を運営できる必要があるというのが私の持論であり、働く個人に伴走しつつ、スキルアップやキャリアアップの実現に貢献したいという思いから、日本キャリア・コーチング株式会社を創業し、昨年15周年を迎えました。

　このような経緯で、元々はおもに管理職を対象にして個人向けにキャリアコーチングや管理職研修を行ってきたのですが、実は管理職としてハイレベルな仕事を遂行できる人材は、一般的な傾向ですが、できない社員の目線に合わせて仕事を進めるのが苦手といった弱点をお持ちですので、時には言動がパワハラになってしまうこともあります。「会社は管理職を育てていかないと良くならない」というのが私の持論ですので、「ハラスメント改善塾」という講座を立ち上げて、ついパワハラを行ってしまいがちな管理職の意識変革・行動改善に取り組むべく、個別指導の改善プログラムを始めました。8時間コースと12時間コースの2つを用意していますが、いずれも個人の実情に応じて、具体的かつきめ

第5章 生活や仕事の不安をなくす方法を伝える〜個人・従業員編〜

細かい伴走指導を続けています。

特にここ数年は、パワハラ防止のために対策を講じることが雇用主に法律で義務づけられたため、雇用主から「パワハラ行為を改善させたいが、優秀な社員に退職されても困るので、指導のしかたがわからない」という相談を受けるようになりました。また、民間企業の管理職だけではなく、官公署に勤める公務員や、教育機関・医療機関で働く専門職も対象になってきましたので、弊社の改善プログラムの内容は、その知見において広さと深さを次第に増してきているところです。

「ハラスメント改善プログラム」の特徴

では、どのようなプログラムを用いて私が改善指導に当たっているのかを、これから少しだけお話しさせていただきますが、その前にお伝えしておきたいことがあります。それは、「パワハラは、どのようなものでもスキルの習得で改善ができる」ということです。この事実を前提として、受講者それぞれの弱点を分析しつつ、具体的に個別指導を進めていくのが私の改善スタイルです。

スキル習得の1番めとしては、「無意識に湧く自分の思考のクセに気づいてもらう」ことから始めます。アンコンシャスバイアスと言ったりもして、人は誰でもその人ならではの思考パターンを持っています。仕事を進めていくうえでも、「これはこうすべき」というものが当然あり、それ自体は必要なことなのですが、それにとらわれすぎてしまうと、自分の正しさをつい振りかざし、他人の意見に耳を傾けることができなくなってしまいます。まずは自分の価値観や性格の把握が重要です。

2番めのスキルは、その思考のクセに自分が振り回されそうだと気づいた時に、「どう対応するのか選択肢を事前に用意しておく」というこ

とです。たとえば日頃から「なぜ、できないんだ！」と部下を叱責してしまうクセのある人は、アンガーマネジメントやアサーションスキルを身につけ、具体的な指導スキルの選択肢も増やします。いざという時に柔軟に対応できるための引き出しをいくつか持っているだけで、パワハラは改善できます。

　3番めのスキルは、「良好な関係性の構築」です。自分にも思考のクセがあるのと同様に、相手にも思考のクセがあります。コミュニケーションのなかで、「相手の思考や感情を理解しようとする意識」を養っていきます。このスキルは、各人の職場の具体的なケースをもとに、相手について仮説を立て検証するトレーニングなどで習得していきます。

　これらの他にも多くの身につけられるスキルがあるのですが、大事なポイントは、日常業務を通してメンバーとよくコミュニケーションをとり、信頼関係を構築しておくということに尽きます。部下指導なのかパワハラになるのかは、そこにお互いの信頼があるかどうかに左右されます。上司と部下の間に信頼関係があれば、パワハラを訴える声は上がってこないものです。ただし、ここには落とし穴があります。例えば近くに座っている他のチームの社員が、隣の上司の指導は行きすぎではないかと相談窓口に訴え出た場合、被害者本人による訴えではなくてもその態様によってはパワハラになってしまいます。つまり管理職は自分のチーム内だけではなく、職場環境全体にも配慮する感性が求められる時代になってきたのです。

　このことに関連して少し付け加えておきますと、パワハラという言葉の概念があまりにも幅広いために、そこに意識のズレが生じてくるという問題もあります。被害者や第三者が「これはパワハラだ」と不快に感じ、人事部門でもそう解釈する一方で、管理職自身は「これはパワハラ

には当たらない」と主張するようなケースです。そこで私は「パワハラ6つの定義」として捉え方の違いを明確化しました。それを示しながら客観的に説明し、当該行為のどの部分が、なぜパワハラとして認定され、何に注意しなければならないのか説明しています。

パワハラはささいな行き違いから生まれてしまう

　私は、労働局の総合労働相談員としてこれまでに3,000名以上のハラスメント被害者から相談を受け、その都度適切な助言指導を行ってきました。また800名を超えるハラスメント行為者への改善指導も継続しています。同じ事案で被害者と行為者双方の改善を担当したこともありますし、行為者が逮捕され刑事罰を受けてしまったケースもありました。実にさまざまな事案に当たってきましたが、行為者のケースに近い事例をもとに、そのささいなきっかけが思いもよらない紛争に発展した事例を紹介すると、表情を一変させ「これですんでよかった」と口にされる受講者も結構おられます。行為者として訴えられ自信をなくす方も多いのですが、原因を整理し、それに対応したスキルを身につけると、前に歩きだせるように変わっていきます。「イライラしなくなった」「自分のやり方を変えたことで、部下の態度も変わった」「話しかけやすくなったと言われた」といった受講者アンケートの声もいただきます。

　数多くの事例から感じることは、日頃のコミュニケーションにおける、ほんの小さな意識の行き違いから訴えに発展することが多いということです。そして管理職たるもの、部下に気づかせる責任は自分にあると自覚しなくてはなりません。「報告がない！」「何度言ってもメモを取らない！」と怒鳴る前に、部下がその意図を理解できるまで伝え切れているかどうかを、謙虚に自問自答することが大事です。パワハラを恐れて指導できなくなっている管理職を減らし、働きやすい職場環境を広げることで日本を強くしていきたいというのが、私の心からの願いです。

〈プロフィール〉 **タカミ タカシ**

日本キャリア・コーチング株式会社　キャリアコーチ
人事コンサルタント、人事部長などを経て、2008年に日本キャリア・コーチング（JACCA、働く個人のためのキャリア支援サービス）をスタート。個人支援を専門に3,500名以上をコーチ。自己分析・キャリアデザイン・マネジメント力強化・パワハラ改善が得意な実務家として、成果・自立につながる具体的なアドバイスと丁寧なサポートを提供できるのが強み。

主な実績	ハラスメント改善塾の受講者は800名以上。行為者の棚卸しを行い、原因を整理し、リスク・改善方法などを学び、改善目標を立て、再発防止まで、個別指導するプログラムです。
対応エリア	東京、大阪、名古屋、福岡、札幌、全国出張可、オンライン（Zoom）
その他提供可能なサービス内容	ハラスメント改善塾（行為者向け・被害者向け）、指導育成力強化塾、昇進昇格塾、キャリアデザイン塾、キャリアコーチングほか。
その他の参考情報	―
依頼者へメッセージ	ハラスメント改善塾は、行為者に対する再発防止や、ハラスメント傾向者の自覚を促す目的で、使用者からのご依頼にも対応。報告書作成も承ります（別途有料）。
連絡先	ホームページ https://www.jacca.jp/ ・受講者さま・企業さまの声 https://profile.ne.jp/pf/takami/c/ メールアドレス info@jacca.jp

5-5 信条・特徴・取り組み・モットーなど
可能性を信じる人材育成コンサルタント

心が喜ぶ言葉を使って未来への可能性を切り拓く

合同会社富士みらいクリエイション代表社員／増田和芳

コミュニケーションでの悩みはつきない

　生活や仕事において、望ましい結果を手に入れるために必要なのはコミュニケーション。これは、多くの方々が実感しているでしょう。例えば、職場の上司が部下に業務を依頼する場面。「席を外すから電話見ていてね」と伝えて席を外す。しばらくして戻って部下に電話がかかってきたかと聞くと、「あ、電話鳴っていましたよ」と言われます。上司は驚いて、「電話取らなかったの？」と聞くと、「『電話見ていて』とおっしゃったから見ていました。なぜ電話を取る必要があるのですか？」。

　自分で伝えたいことが相手に伝わらないと、コミュニケーションにズレが生じて気持ちが落ち込んでしまうこともあるでしょう。相手に伝わらずに悩んでしまう方は、本当に多いですね。

　コミュニケーションがとれないと、「なぜ自分の考えが相手に伝わらないのか」と悩んでしまいます。徐々に悩みが大きくなり、やがてはコミュニケーションをとるのを放棄して、組織や集団から離れてしまう事態に陥るかもしれません。気力も体力もあったのに、コミュニケーションの悩みのせいで仕事や生活の充実感が失われてしまう。非常に残念な気がします。

自分にかける言葉がよくないものに

　私は、職場の対人関係に関わるさまざまな課題解決のために、人材育成に関わるコンサルタントとして活動しています。会社員として働いていた20年間で、最も苦労したのは職場内でのコミュニケーションです。上司や同僚、部下との関わり方、重苦しい会議場面での関わり方などで気を使いすぎてしまい、心身の調子を崩した経験があります。コミュニケーションでうまくいかないと思う度に、「私のせいで相手を傷つけた。全部私が悪い。ああ、これからどうすればいいのかなぁ。ダメなやつだ……」と自分を責めていました。自分のせいにすれば、他人に迷惑をかけずにラクになれると思っていました。

　問題が生じた時に、自分のせいにして仕事や生活を送っていると、気持ちが落ち込み、徐々に険しい表情になってしまいます。常に眉間に皺を寄せて笑顔はありません。やがて、周囲からはいつも怒っているように見えるなどと言われてしまいます。コミュニケーションがとれない環境を自分でつくってしまうのです。心では、いつでも周りの方々とコミュニケーションをとるつもりになっています。ただ、見た目が「怒っている」ので誰も近寄ってきません。周囲とコミュニケーションがとれないと、自分自身を「ダメなやつ」などと思い、再び責めてしまいます。自分にかける言葉は自分の心を傷つけるものになり、自己を否定し続けてしまうのです。

言葉を変えてみませんか？

　私たちは、謙遜して自分自身を低く見積もる言い方をしがちです。「たいしたことはないのですが……」などの言葉を発する人がいますが、自分の言葉は聞こえるので、「たいしたことのない私」とインプットされます。自分を否定する言葉を使い続けると、それが当たり前になってしまいます。自分を否定する言葉が何度も聞こえてきて、本当に

「たいしたことない人」になってしまうかもしれません。たいしたことない人にならないためには、日々の言葉の使い方を変えてみる必要がありますね。自己を否定する言葉や、短所と考えて伝える言葉など、日々使用している言葉を変えてみませんか？

　私のセミナーでは、言葉の使い方を変える練習をします。短所に聞こえる言葉を長所に変える練習をします。例えば、短所を表す言葉として使用頻度の高い「頑固」という言葉を「我慢強い」「芯がある」などと言い換えると、長所に聞こえませんか？　自己を否定せずに認めるためにも、長所を表す言葉を自分にかけましょう。長所を表す言葉を聞くと、自分を肯定することになりませんか？　肯定する習慣を身につければ元気に活動できますし、元気さが相手にも伝わります。周りの方々に自分とコミュニケーションをとりたいと思ってもらいたいですね。

よかったことを見つける習慣を

　私は、学びの仲間と「３つのよかったこと」を毎日書いています。心で「よかった」と思ったことを紹介しています。ポジティブ心理学の分野で有名なセリグマン博士が行った実験で、「three good things」に関わるものがあります。一日の終わりに３つのよかったことを振り返ることを続けてもらったところ、抑うつ症状が解消された方が一定割合いたそうです。よかったことを３つ挙げていくと、心がその時のことを思い出して嬉しい気持ちになるのを実感できます。

　仕事で忙しかったり、時間に追われて１つのことを考える余裕がなかったりすると、物事を感じる力が鈍っていると感じませんか？　心に余裕がないと、よかったことを感じる余裕のない自分に気づきます。私は、３つのよかったことを書くようになってから、元気になるのを実感できるようになりました。また、一緒に書いている仲間の「３つのよかったこと」を読むと嬉しくなります。仲間と一緒になってよかったことを味わえている感覚が持てます。

最近は、noteと呼ばれるブログで、「３つのよかったこと」を書いています。半年間書き続けていますが、一日をゆっくりと振り返って「よかった」と思える時間を思い出すと心が落ち着きます。純粋によかったことを振り返る時間を持つと、忙しくて自分を見失っていた日々を取り戻せる気がします。

「３つのよかったこと」をじっくりと味わう時間を取ってみましょう。どうしても３つ出てこない時は、１つだけでも構いません。私のセミナーでは、３つのよかったことを書いて周りの人たちと共有する時間を取ります。時間のない時は、嬉しかったことを１つでも紹介できるようにして、お互いに仲間と「よかった」と思える感情を共有しています。よかったことを話し合って元気な状態になり、日々の仕事や生活に向かってほしいですね。

一緒に可能性を信じて進みましょう

　誰にでも可能性はあります。もっと良くなる可能性、成長の可能性、ステップアップの可能性など、可能性を信じているから、できることが増えていきます。可能性を拡げる方法は多くあるでしょう。ただ、時間をかけて難しいことを行う必要はありません。使う言葉を変える工夫を

してみませんか？　自分を喜ばせるような言葉を使ってみませんか？

　私は、人々の心が喜ぶ時間があると、仕事や生活で十分に力を発揮できると信じています。心が喜ぶ時間が足りない！　そう思った時は、ぜひ、心を喜ばせる時間を共有してみませんか？　皆さんの未来の可能性は無限大なのですから！

第5章　生活や仕事の不安をなくす方法を伝える～個人・従業員編～

〈プロフィール〉**増田 和芳**（ますだ かずよし）

合同会社富士みらいクリエイション代表社員
1976年静岡県富士市生まれ。20年間の会社員経験を経て、2019年に合同会社富士みらいクリエイションを設立。企業研修やセミナーなどで、職場でのコミュニケーションのとり方や仕事で成果を出す方法を伝えている。延べ950回以上登壇し、関わったビジネスパーソンは計11,000名以上。ミッションは「可能性を信じる」。

主な実績	[これまでの主な講演・研修テーマ] 職場で伝わるコミュニケーションのとり方、OJTによる人材育成のポイント、レジリエンス、セルフマネジメント、会議のファシリテーション等 [これまでの主なコンサルティング内容] 職場リーダー育成プロジェクト等
対応エリア	静岡県、関東地方、東海地方、オンライン
その他提供可能なサービス内容	マネジメントスキル強化、営業力強化、ハラスメント防止、キャリアコンサルティング
その他の参考情報	[所有資格] 国家資格キャリアコンサルタント、産業カウンセラー、（一財）認定ワークショップデザイナー、（公財）21世紀職業財団認定ハラスメント防止コンサルタント [著書] 『自分の居場所を見つける50のヒント』（セルバ出版） 『職場で断然伝わるコミュニケーションスキル20』（ごきげんビジネス出版）
依頼者へメッセージ	職場の人間関係を良くする、組織の空気を良くするなどによって、仕事で成果を出せる人材の育成を推進されたい方々。お気軽にご相談ください。皆さんの可能性を信じてかかわります！
連絡先	ホームページ https://fujimirai-creation.com/ ブログ https://note.com/fujimirai0501 メールアドレス info-km@fujimirai-creation.com

5-6 信条・特徴・取り組み・モットーなど
EQマネジメントの専門家

パラダイムをシフトさせ、物事をポジティブに捉える

株式会社自己成長支援ラボ 所長／松山繁博

パラダイム（物事の捉え方）を意識する

　突然ですが、あなたが生活や仕事に不安を感じる理由は何だと思いますか。

　その理由は、あなたのパラダイム（物事の捉え方）がネガティブ（否定的）に傾いているからなのです。

　というのは、同じ現実・事実に直面したとして、人によってその捉え方は異なり、特に、不安を感じているということですと、物事をネガティブに捉えている、という見方ができるからです。

　なお、物事をネガティブに捉えること、ポジティブに捉えることに、良し悪しはありません。人間は、物事をネガティブに捉え、適切にリスクを回避することで、ここまで生存が続いてきたことを考えると、基本はネガティブに寄っていることは容易に想像がつきますし、だからこそ物事をネガティブに捉えることは良いこと、とも言えます。

　しかし、このネガティブの程度が高いと、生活や仕事に漫然と不安を感じるばかりか、特定の事象に対して深く考えるあまり、ネガティブにしか捉えられなくなってしまうなど、弊害が生じてしまいます。

第5章　生活や仕事の不安をなくす方法を伝える〜個人・従業員編〜

あなたが今、生活や仕事に不安を感じているのだとしたら、物事をネガティブに捉える程度が高くなっていると言えます。

なお、人間の物事の捉え方は、単なるクセであり、生まれつきのものではありませんので、もし、今、ネガティブな傾向を減らしたいということでしたら、これからその程度を減らすことができます。

物事の捉え方（パラダイム）とは

では、具体的にあなたの物事の捉え方を確認してみましょう。

例えば、夕方に自分のスマホを確認したところ、バッテリー残量が50％だったとします。

このバッテリー残量を見て、あなたはどう感じますか。
A）まだ、50％残ってる（ので、大丈夫。普段通りに使おう！）
B）あと、50％しか残っていない（ので、切り詰めて使わなければ）

ここでは、スマホのバッテリー残量を確認しましたが、これは、あなたの物事の捉え方を象徴しているとも言え、A）の場合は、物事を肯定的に捉えている傾向があり、B）の場合は、物事を否定的に捉えている傾向がある、と言えます。

どうして物事の捉え方の否定的な程度が高くなるのか

日本では、これまで教育・スポーツの現場における指導や、ビジネスの現場におけるマネジメントにおいて、欠点（できていない所）を指摘して、それを改めさせるような方法が採られてきました。

そこで、教育・スポーツでは、対象者の欠点を的確に言い当てて指導するのが優秀な指導者、ビジネスでは現場での問題をいち早く見つけだし、それを改めさせるような、人一倍危機感の強い人がデキる管理者・

リーダー・経営者と言われてきました。

　また、ビジネスの現場では、大きな組織になればなるほど、どちらかといえば、「失敗しないこと」を求められた結果、リスクマネジメントに強い人、すなわち、物事を否定的に（場合よっては批判的に）捉えられる人が重宝されてきたのです。

　したがって、これまでの人生のなかで、子どもの時の指導や社会に出てからのマネジメントを受けて、成功に近づくためにも、物事を否定的に捉え、それを改めていくことが良しとされた結果、あなたの物事の捉え方の否定的な程度がどんどん高くなってしまってきたのです。

物事を肯定的に捉えるには

　仮にあなたの物事の捉え方の否定的な程度が高かった場合、その程度を減らしたい、あるいは、肯定的に物事を捉えられるようになりたい、と思いませんか。

　そこで、物事を肯定的に捉える代表的な思考方法をご紹介していきます。

減点主義から加点主義へ

　減点主義というのは、現在の状況を把握するに当たって、満点に対して、〇ができていない、△ができていない、□ができていない……と、減点の対象を確認して、満点から減点させていく方法です。
　ですから、現在の状況を把握する場合、「できていないこと」を確認していくことになります。

　一方、加点主義というのは、現在の状況を把握するに当たって、ゼロ点から出発し、〇ができている、△ができている、□ができている……

と、加点の対象を確認して、ゼロ点から加点していく方法です。ですから、現在の状況を把握する場合、「できていること」を確認していくことになります。

したがって、同じ50点の状態だったとしても、減点主義の場合は、できていないことが羅列され、加点主義の場合は、できていることが羅列されることになります。

この説明を聞いただけでも、加点主義のほうが現状を肯定的に捉えているように見えると思います。

原因志向から解決志向へ

先ほど確認された現状が50点の状態であることに対して、これを良い方向に進めていくための方法を考えるに当たって、原因志向と解決志向がありますので、以下にそれをご紹介します。

まず、原因志向とは、先の減点主義にも関係してきますが、できなかった50点の要素に対して、「なぜできなかったのか」を掘り下げていく志向です。できなかった要素が物理的な要因（例えば、故障）の場合は、その裏返し（故障を生じさせないようにする）が解決策として有効なことが多いですが、精神的な要因（例えば、取り組む時間がつくれなかった、など）の場合は、その人を追い詰めて後悔や反省を促すなど、物事を否定的に捉えることを助長させてしまいがちです。

一方、解決志向とは、できなかった50点の要素に対して、「どうすればできるようになるのか」を積み上げたりするなど、物事を肯定的に捉えることを導き出しやすい志向と言えます。

このように、同じ50点の状態だったとして、どちらかといえば過去のことに目を向けていくのが原因志向だとすると、未来のことに目を向け

ていくことが解決志向という捉え方もできます。

方法達成から目的達成へ

　さらに、別の物事の捉え方をご紹介します。例えば、あなたがビジネスパーソンで、東京から広島まで出張を計画することになり、一緒に行く部下に移動手段や宿泊先を選定してもらったとします。

　すると部下は、東京から広島までの移動手段として飛行機を使うことを計画し、宿泊先については、訪問先に近い宿泊先とし、広島の繁華街からは遠い所を提案してきました。

　あなたは、これまで広島に出張する場合は、新幹線を使い、広島の繁華街に近い所に宿泊してきたので、部下はあなたとは全く異なる手段を選定してきたことになります。そこで、今回の手段の選択理由を部下に聞いたところ、部下なりの理由を説明し、それなりの合理性が確認できました。

　そこで質問です。このような状況の場合、あなたなら、これからどうしますか。

　移動手段として新幹線を、宿泊先として広島の繁華街に近い所に変更してもらうように指示するあなたは、方法達成志向が強いです。一方、部下の選択理由に合理性が確認され、そもそも広島には移動でき、広島に宿泊できるので、手段については目をつぶることができるのであれば、目的達成志向であると言えます。

　物事の判断基準や手段が多様化するなかで、相手（この場合は部下）の提案を、自分が想定していた手段と異なることを理由に否定するのではなく、そもそもの目的が達成されるのであれば、自分が選定しないであろう手段を肯定的に受け止めるということができるようになると、目的

達成志向に沿った言動ができるようになり、部下からの提案を肯定的（ポジティブ）に受け止めることができるようになります。

問題回避型から目的志向型へ

　ここでは、あなたが商品企画の担当だとして、次期製品の企画の検討のしかたとして、どちらを選択しますか。

　１つめは、新しい商品を企画するに当たり、過去の商品の問題点（他社の同等製品に比べて価格が高い、性能が劣る、お客さまからクレームが来た事項など）を発生させないような仕様を検討していく方法です。一方、２つめは、お客様が期待するものは何か、ワクワクしそうなことは何か、という視点から仕様を検討していく方法です。前者を問題回避型、後者を目的志向型と言います。

　これも良し悪しはありません。商品企画以外に、イベントを企画したりする際に、「～しないようにする／問題が発生しないようにする」という考え方は問題回避型、「～できるようにする／期待や魅力をたくさん実現させる」という考え方は、目的志向型と言えます。

　いかがでしたか。
　あなたが、今、生活や仕事に不安を感じていたとして、その理由として、あなたが物事をネガティブに捉えていること、さらに、ネガティブを助長させるような志向・手段を採ってきたことが確認されたと思いますが、今後、これまでと異なる志向・手段を選択することで、ネガティブに捉える程度を減らすことができることも確認できたと思います。

〈プロフィール〉**松山 繁博**(まつやま しげひろ)

株式会社自己成長支援ラボ 所長
1966年鳥取県生まれ。日系・外資系製造業経験後、一部上場企業の上級管理職を経験。その間、リストラに遭い、パワハラ職場に配属され、うつ病を発症したが、自ら克服。現在はその経験を活かし、EQ(認知科学)を使った新時代の研修の提供を通じて、個人・組織の成長を支援している。

主な実績	[これまでの主な講演・研修テーマ] ・徳を積みたい経営者向け「信頼される経営者になる方法」 ・働き方改革を促進する「シン・マネジメント研修」 ・心理的安全性の高い職場づくりのための「EQマネジメント研修」等 [これまでの主なコンサルティング内容] ・経営者向けメンタルトレーニング、コーチング等
対応エリア	首都圏、出張・オンラインで全国対応可能
その他提供可能なサービス内容	ハラスメント防止、コンプライアンス意識向上、過剰な忖度防止、組織活性化・生産性向上のためのコミュニケーション、ファシリテーション等
その他の参考情報	[所有資格] 公益財団法人　日本生産性本部　認定コンサルタント 一般社団法人　日本メンタルマネージメント協会　認定コーチ [著書] 『EQマネジメント革命』(Kindle) 『戦略的コンピテンシーマネジメント』(生産性出版)(アーサー・アンダーセン著) 『組織バリュー・マネジメント入門』(生産性出版)(共著)
依頼者へメッセージ	心理的安全性の高い「信頼・安心に基づくマネジメント」が行える職場づくりのために、EQ(認知科学)を使った新時代マネジメント(シン・マネジメント)を導入しませんか。お気軽にご相談ください。
連絡先	ホームページ：https://self-navi.com/ メールアドレス：info@self-navi.com

第5章　生活や仕事の不安をなくす方法を伝える〜個人・従業員編〜

5-7　信条・特徴・取り組み・モットーなど

人と組織を効率的に活かす「仕組み化コンサルタント®」

"生きる"をラクに快適に！
毎日を前向きに過ごす10の方法

Life&Career Style代表／眞橋今日子

自分自身を見極めて生きることの重要性

　私たちの日常生活は、時に忙しさとストレスで満ち溢れています。それゆえ多くの人が、他人の期待や社会的なプレッシャーに押し潰され、自分自身を見失いがちです。

　ある時気づいたのですが、私自身、ずっとペルソナをかぶって生きていました。子どもの頃の「大きくなったら何になりたい？」といったやり取りを覚えている方も多いのではないでしょうか。私は「看護婦さんになりたい」と言っていた記憶があります。ナイチンゲールの伝記を読みました。病院で看護婦さんにお世話になったこともあります。そのような経験から、看護婦に憧れて夢を抱いたのでしょうか。いいえ、それは違います。実は、私の母が看護婦になりたかったと夢を語ってくれたことがありました。母の夢だった看護婦になりたいと言えば、母が喜び自分を愛してくれる、幼心にきっとそのように思ったのでしょう。

　月日が流れ、大人になっても傾向は変わらず。周りからどう見られるかが、私自身の言動の判断基準となっていました。でも、それは本当の自分が求めていることではないので、いつしか苦しさが溜まり、「私はいったい何者なのだろうか」と自分探しの旅が始まったのです。20年以上かかりましたが、私はようやく自分自身に納得することができました。「楽しむ」ということがよくわからず、振り返れば、自己肯定感も自信

も全くなかった私です。それが今では、自分の考え方や感情を理解し言葉にすることができるようになり、自分の強みを活かしながら満足度の高い充実した日々を過ごしています。心地よく快適に、自分らしく生きるための第一歩として、自分自身を知ることが非常に重要です。自分は何が得意で何を大切にし、どのような価値観を持っているのかを見極め理解することは、人生の幸福度を高めるための基礎となります。

小さな不安に気づいて元気と成果を手に入れる秘訣

　仕事や生活において不安を抱いている方はきっと多いことでしょう。世界のあちこちで戦争や天変地異が起こり、エネルギーや食料の問題は私たちにとっても身近で不安な要素です。また、老後２千万円問題など、これからの時代にどのように対応していけばよいのか悩ましいところでもあります。住む場所や暮らし方、会社員かフリーランスかなどの働き方、人事異動による環境の変化、ワーク・ライフ・バランスはどうするのかなど、考えれば考えるほど不安や心配は枚挙に暇がありません。

　その不安や心配は、いったいどこからくるのでしょうか。おそらくは漠然としていることが多いのではないでしょうか。ぼんやりしていて雲をつかむようで、正体がよくわからない。人は見えないこと、はっきりしない何かに恐れを抱くものなのです。不安への向き合い方として、まずは、不安のおおもとをしっかりと把握することが重要です。例えば「任されたプレゼンがうまくいくかどうかが不安」だとします。さて、不安のもとは何なのでしょうか。資料やデータの信憑性（しんぴょうせい）なのか、スライドのクオリティなのか、人前で話すことが心配なのかなど、「不安」の中身を具体的に分解していきます。すると課題が明確になり、どうすればよいのか対処がしやすくなります。

　また忘れてならないのは、見過ごしがちな日常のちょっとした心配や困り事、面倒くさいことに気づき取り除くこと。この引っかかりの有無は生産性に大きく影響します。心の健康には、自分の気持ちにアンテナ

を立てる感情のコントロール方法や、自分も相手も大切にするアサーティブなコミュニケーション技法を身につけることも効果的。実際に、私自身もこれらを取り入れたことで、不安が激減し、心身共に元気度が上がり、さらにはレジリエンス力の高まりも感じています。

自分の仕組み化と組織の仕組み化の相互作用

　自分自身の感じ方、考え方、物事の進め方という無意識に繰り返してしまう傾向＝「くせ」を理解することで、自分が本当に望むことを突き止めることができます。すると、仕事や人間関係など、あらゆる面でのパフォーマンスと成果を引き上げることが容易くなります。まずは仕事や生活のなかで、日々強みや得意といった自分の「くせ」を活かす機会を持つこと。いつもの日常がよりスムーズになり、前向きな気持ちできいきと取り組むことができるようになることでしょう。もちろん、効率的な時間管理や対人関係、ストレス軽減にも大いに役立ちます。

　とはいえ、人は不安や気がかりに目が向き「欠けている」を埋めようとし、「足りない」とネガティブモードに陥りやすいもの。ここで大事なのは、弱みの克服よりも強みをブラッシュアップすること。いつでもラクにサクッとベストな成果を出せる自己の力を把握し、自分をどのように操作すればよいかの仕組みを知る。いわば、自分トリセツを使いこなすことで、潜在能力を最大限発揮することができるのです。私自身、あまりにも手っ取り早いその極意に驚嘆し、強みを見出し活かす専門家として活動しています。また、個人の強みをベースとした組織の仕組みを構築し機能させることは、メンタルヘルスケアやウェルビーイング、心理的安全な場づくりともなり、働く意欲や生産性が向上します。

　キャリアとは、仕事やビジネスでの経歴だけを指すものではありません。キャリアとは、本来、人生の生き方そのものを意味します。私自身が実践している「ワーク・イン・ライフ」では、人生のなかに仕事があると考え、人生を軸に捉えることを重要視しています。個人が満たされ

て生きがいを感じてこそ組織で力を発揮できる。また、働く安心や喜びが得られることで、やりがいや組織への愛着が高まりプライベートが充実する。このような好影響を及ぼし合える循環が何より大切なのです。

毎日を前向きに過ごす10の方法

1. **自分の価値観を明確にする**：自分の強みや、自分が何を大切にしているのかを知ることは、行動や選択を導く指針となります。
2. **自分の周りの環境を整える**：仕事ややりたいことに集中しやすい整理整頓された環境は、効率性と精神的な安定をもたらします。
3. **不安の原因を特定する**：自分が何に不安を感じているのか、具体的な問題に分解することで対処しやすくなります。
4. **没頭する時間を持つ**：趣味でも仕事でも、好きなことに夢中になる時間を持つことで、達成感や幸福感を得ることができます。
5. **休息とリフレッシュ**：気分転換する時間を大切にし、気持ちのリセットを心がけることで、心の余裕を取り戻すことができます。
6. **肯定的な言葉を使う**：日常的に使う言葉を意識し、ポジティブな表現を増やすことで、自分自身の考え方が自然と前向きになります。
7. **小さな成功体験を積む**：目標を細分化してスモールステップを踏み、スモールゴールを達成することが自信と元気につながります。
8. **オープンなコミュニケーション**：互いに意見やアイデアを自由に言い尊重し受け入れ合える環境下で、意欲が湧き力を発揮できます。
9. **ライフキャリアを描く**：人生全体の広い視野を持つことで、日々の努力が前向きな気持ちにつながり、モチベーションが高まります。
10. **自分自身を生きる**：自分と向き合い、自分自身を大切にして生きることは、幸せで充実した人生を送るための基本です。

これらの考え方や方法をキャリア構築へのきっかけとして、自分らしさを自信につなげて生きるヒントとしていただければ嬉しく思います。

第5章　生活や仕事の不安をなくす方法を伝える〜個人・従業員編〜

〈プロフィール〉**眞橋 今日子**（まばし きょうこ）

Life&Career Style代表
鎌倉市在住。老舗百貨店、税務会計事務所、薬局経営、人材紹介・派遣事業等の業界で、社員の教育育成、CS対応、働きやすい環境づくり等、人と組織のフィッティングへの多様な経験を経て起業。"仕組み化"をキーワードに、個人が本物の強さを身につけ自分を信頼でき、希望を持って生きていける社会の実現を目指して活動中。

主な実績	思考・感情・行動のくせを効果的に活かしていくクリフトンストレングス®（ストレングスファインダー®）、怒りの感情をコントロールして成果につなげるアンガーマネジメント、思考の整理から環境を整え人生を最適化するライフオーガナイズの専門家。経済・健康・人間関係等の面からも人生を整えていくための知恵とスキルを用いたコンサルティングやコーチングセッション、企業研修等が好評価を得、取材も多数。
対応エリア	全国
その他提供可能なサービス内容	じぶん仕組み化／組織活性化／ハラスメント／メンタルヘルス／コミュニケーション／チームビルディング／リーダーシップ／ファシリテーション等
その他の参考情報	[所有資格] GALLUP社ストレングスコーチ／PHP研究所ビジネスコーチ／国家資格キャリアコンサルタント／日本アンガーマネジメント協会アンガーマネジメントコンサルタント／日本ライフオーガナイザー協会ライフオーガナイザー／他 [著書] 『今を生きるが未来を生きる　〜自分らしさの見つけ方〜』（ギャラクシーブックス） 『在宅ワークライフの㊙働き方改革：今すぐできる！仕事効率化のコツはこれにあり』Kindle版
依頼者へメッセージ	一人ひとりの個性発揮と理想のライフスタイルの実現、組織の活性化と理想的な組織風土の醸成に向けて、お力になります。どうぞお気軽にお問い合わせください。
連絡先	ホームページ https://kusekara.com/ SNS 公式ライン　https://lin.ee/UMUsU20 X（旧Twitter）　https://x.com/Kusekara メールアドレス info@kusekara.com

第6章

事業や仕事の不安を なくす方法を伝える ～経営者編～

　現代社会は、グローバル化、デジタル化、そしてVUCAと呼ばれる不確実性・複雑性・多様性などにより、経営者は事業の成長や安定化を図るため、多大なプレッシャーと不安を感じています。なかでも、経営者が抱える不安は、事業の成長を阻む大きな要因となります。

　そこで本章では、13名の講演講師・コンサルタントのそれぞれの切り口から、経営者として事業・仕事の不安をなくして元気になる考え方や方法をお伝えします。

　本章の内容をテーマにした講演・研修・セミナーを実施することにより、経営者が心身共に健康で、前向きな姿勢を保てるような支援となり、企業の競争力強化につながり、ひいては社会全体の活性化にも貢献します。

6-1 信条・特徴・取り組み・モットーなど

本質を見抜く力で組織や個人を変革する、パワフルコーチ&コンサルタント

固定観念を打ち破れ！
経営者本来の力を解き放つ方法

株式会社TRUE LIFE MISSION 代表取締役／安達由紀代

【経営者の挑戦】困難と葛藤を超える真の力

　私たちは、外部からの影響を受けながら、日々の経営、人材の課題、将来への不安など、どれほどの「葛藤」に悩まされているでしょうか。
　そして、その**葛藤に費やす貴重な時間をどう変えたいのでしょうか？**
　私は、コーチング、研修、コンサルティングなどを通じて、多くの経営者が困難や葛藤に直面するなかで、自らの課題に真正面から向き合い、新たな気づきを得て力強く前進する彼らに寄り添ってきました。
　彼らに共通するのは、**「本質」を見失わないこと**です。
「本質」とは、他人の意見や時流に惑わされず、自分を信じ、物事の核心を見極める力です。これは自身の弱さや失敗を認める強さがあるからこそ培われるのです。
　しかし、この「本質」を見失わないことは容易ではありません。経営の課題、経済の動向、情報の氾濫、そして不確実な未来——これら全てがあなたの意思決定を揺さぶります。ここからは、その揺さぶりに立ち向かう方法をお伝えします。一緒に新たな一歩を踏みだしましょう。

【人間性の復活】新時代の経営者の資質

　経営者からご依頼いただく共通のテーマは、コミュニケーション力の低下、人材育成、人材不足など、おもに「人材」に関する悩みです。特

にコミュニケーションが形式的になりがちな組織においては、規律や常識に沿った正論だけでは、自律的な気づきに結びつかず、人の心に響く関係性を築くことが難しくなっています。しかし、私たちが過去に悩み、葛藤した時、どのように立ち直り、再び前進できたのでしょうか。

　日銀在職中、プロジェクトに対する私の不満を最後まで聴いてくれた上司から、「その不満って本当に大事なの？　なぜ、日銀で働きたかったの？」という本質的な問いを投げかけられました。ハッとして、自分の傲慢さに気づきました。そして、プロジェクトの真の必要性に意識を向けて取り組んだ時、本質的意義を見出せたのです。その後も、「人や事柄について、負の感情に流されるのではなく、自分自身に本質的な問いをしなさい」と常に人と真剣に向き合う上司の人間性は、経営者としての私の指針となり、クライアントの「本質的な変化を起こす」ための原動力となっています。この経験から、経営者は、「上司が良質な問いを投げかける能力」を身につけるために、コーチングを導入する必要性を強く感じます。この取り組みは、組織全体の成長と効果的なリーダーシップを育むうえで、非常に重要です。

　なぜなら、組織人にとって本当に大切なことは、**共感や情熱を取り戻し、価値観の違いを認め合い、人と真摯に向き合う勇気を持つこと**だからです。**経営者が率先して人間性を重んじて示す組織は、対等な関係性と調和が生まれ、その結果、本質的な変化につながる**のです。

【固定観念の影響】組織を阻む見えない壁

　経営者や管理者と向き合うなかで感じたのは、「こうあるべき」などの固定観念にとらわれていることです。この固定観念は、組織の課題解決を阻む大きな要因となっています。

経営者が良質な問いを投げかける上司を育てるためには、まず自身の固定観念を変えることが重要です。これは、部下の成長と自主性を促すうえで欠かせない上司としての在り方、つまり、**柔軟な姿勢と問いかける力**です。

　例えば、部長が仕事の遅い部下に「完全な指示をするべき」という**固定観念**を持っているとします。この場合、部長は部下に細かい指示を出し続けるため、部下は指示待ちから抜け出せません。部長が「部下に自主的な判断を促すべき」という視点に変えることで、部下の成長と自律が促され、組織全体のパフォーマンスが向上します。

　まずは、仕事の指導や対話の際に、部下に対する評価をいったん脇に置き、自分の意識をニュートラルに保つことが重要です。部下に対して関心を持ち、相手の表面的な言葉にとらわれることなく、その奥にある本質的な思いにアプローチすることで、信頼関係が深まり、より効果的な協力体制が築かれます。

　このような本質的な関わりを経営者自身が率先して実践し、メッセージを発信することで、組織全体の意識変革につながります。経営者が変わることで、組織全体が成長し、激しい変化の時代にも柔軟に対応できる組織となるのです。

　では、次にリーダーシップの変革について具体的な例を通じてお話しします。

【リーダーシップの変革】問いの力と信頼の構築

　ある時、優秀な経営者から「従業員はYESマンばかりで自律的に動けず、業績が上がらない」という相談を受けました。しかし、「リーダーは常に強く、道を示すべきだ」という経営者の固定観念が従業員の依存を生み、自律を阻んでいることに気づいていませんでした。

第6章　事業や仕事の不安をなくす方法を伝える〜経営者編〜

　私は恐れずに「自分のコピーをつくるために経営者になったのですか？」と問いかけました。これは、相手を信頼しているからこそのアプローチです。その他、外向きの意識を内向きにする重要性、信頼を生むコミュニケーション、真の自己受容についても、「問い」を通じて気づいていただきました。

　これにより、経営者は自らが意見具申しにくい風潮をつくり上げていたことに気づき、誰もが自分の考えを話せる組織を目指すことで固定観念を書き換えることができました。現在では、従業員が自ら提案できる環境が築かれています。

　固定観念は、積み重ねた確固たる意識となり、自分では気づけないことも多く、経営環境や状態を悪化させる可能性が高いのです。

　あなたは固定観念にとらわれていませんか？　それによって自分自身が苦しくなっていませんか？　一緒に内省し、信念や習慣を見直し、組織の成長につながる新たな視点を共に見つけましょう。

【本質的な変革への道】組織課題の根本に迫る

「人材育成」「管理職の負担増加」「従業員の離職」などの深刻な課題に直面している組織は、これらの問題に対処するため、管理職や社員向けのコーチングや研修を導入しています。しかし、**問題の本質を見極めずに取り組むと、その効果は一時的なものに終わってしまうことが少なく**ありません。要因の1つに、全てをコーチやコンサルタントに委ねてしまうことで、コーチングや研修の終了後は、組織がその状態を継続できず、元の状態に戻ってしまうことが挙げられます。

　この状況を打破するためには、「受注者に全て任せる」という固定観

念にとらわれることなく、組織とコーチ、コンサルタントが協働して「本質的な課題」を明確にし、具体的な目標を設定する必要があります。これにより、ニーズのズレを解消し、コーチやコンサルタントは本質的な課題の改善方法を提案し、最適な実践的研修やコーチングなどを提供することができます。また、組織は実践的研修やコーチングを通じて「意識変革」を確認し、継続的に促進することで、初めて本質的な変化につながります。

これを実現するために、人材育成などの課題に対処する革新的なアプローチとして、コンサルティング、コーチング、研修を融合させた新しいサービスを提供いたします。

お読みいただいた皆さまへ
　固定観念を打ち破ることは、経営者が持つ本来の力を発揮し、組織全体に本質的な変革をもたらす鍵なのです。最後に、コーチングセッションのなかで、経営層や管理職のクライアントが大きな変化を遂げるきっかけとなった問いの一例をご紹介します。

・「あなたの"こうあるべき"が、周囲の率直な意見を妨げていませんか？」
・「あなたの本質が大切にしたいと思うことは何ですか？」
・「任期中に特に変化を求めず穏便に過ごすあなたを、80歳になったあなたは何と言っていますか？」

これらの問いに、少しでも心がざわついたなら、それはまさに変革のチャンスです。固定観念を打ち破り、あなたの組織を真の成長へと導くために、一緒に新たな一歩を踏みだしませんか。あなたの力を最大限に引きだし、共に未来を切り拓いていきましょう。

〈プロフィール〉**安達 由紀代**（あだち ゆきよ）

株式会社TRUE LIFE MISSION　代表取締役
新卒で日本銀行に入行し、30年以上にわたって幅広い業務に携わる。政策委員会室をはじめ、さまざまな部署で組織や職員が最高のパフォーマンスを発揮できるよう、内部管理や金融教育の広報活動に従事。また、日銀内外の多くの関係者との交流を通じ、貴重な経験を積み重ねる。その全ての基盤となっているのは、尊敬する方々から教わった「本質を見抜く」という考え方。
常に先入観にとらわれず、物事の核心を見極める姿勢は、現在も目標の達成やクライアントさんとの信頼関係や協働体制を築くうえで重要な礎となっている。

主な実績	[これまでの主な講演・研修テーマ] ・経営者の先入観を超えて組織力をアップする方法 ・激変・激動する社会に求められる組織の意識の変革 ・【管理者向け】１on１ミーティングのスキルアップ研修 ・【経営者向け】本当に役に立つコーチングのフル活用術　など [これまでの主なコンサルティング内容] ・企業との守秘義務に伴いまして、記載を控えさせていただきます。
対応エリア	主に東京都　全国対応
その他提供可能なサービス内容	コーチング、メンタリングなど 企業（主に役員、管理職）、経営者、医師、さらには大学院生から60代の幅広い層に延べ4,100回以上のコーチングを実施しました。ライフ・ビジネス・エグゼクティブコーチングをご提供するなかで、信頼を築き協働しながら本質的な変化を体験いただいております。 主テーマ：マネジメント、リーダーシップ、キャリア、人間関係、自己理解、起業、転職、経営、ワーク・ライフ・バランス、家族関係など
その他の参考情報	[所有資格] ・米国CTI認定　CPCC（CERTIFIED PROFESSIONAL CO-ACTIVE COACH） ・NPO法人日本FP協会認定 AFP（AFFILIATED FINANCIAL PLANNER） ・宅地建物取引士（登録済）、日本商工会議所簿記検定試験２級合格
依頼者へメッセージ	これまで組織や個人が本質的な変革を実現するお手伝いをしてまいりました。貴社や個人の目標達成に向けて、効果的かつ実践的なプログラムをご提供いたします。ぜひお気軽にホームページよりご連絡ください。
連絡先	ホームページ：https://true-life-mission.com/ メールアドレス：contact@true-life-mission.com

6-2 信条・特徴・取り組み・モットーなど

直感マーケティング創始者

破産経験に学んだ直感マーケティング 困難を乗り越えワクワクできる秘訣とは？

株式会社オーシャンホールディングス代表取締役／安部宥志

2度の破産から学んだ教訓

　私は過去に2度の破産を経験しました。それは非常に辛い経験でしたが、そこで学んだことが今の仕事に全てつながっています。

　最初の破産までは進学や就職も順調で、新卒で入社したシステム会社では7年連続トップセールスを記録しました。しかし、30歳で起業したものの、リーマンショックの影響もあり、すぐに破産してしまいました。大手企業ではブランディングやマーケティングを会社が行ってくれましたが、自分の会社にはその基盤も金看板もありませんでした。これに気づいた時には、見込み顧客がいないなかで会社は破産し、個人は民事再生の処理を余儀なくされました。この時、「マーケティングなくしてセールスなし」を痛感しました。

　その後、親友が家族経営する工場でアルバイトをし、社会復帰を果たしました。その過程で、かつての顧客から営業マンとして抜擢され就職。再び営業成績を上げる日々を迎えました。しかし、その1年後に再び独立した後も会社経営に失敗し、2回目の破産の危機に直面しました。

奇跡的な出会いと助言

　そんななか、救いの手を差し伸べてくれたのが前妻でした。編集プロ

ダクションを経営していた彼女は当時、ある経営者の書籍の執筆を手伝っていました。その取材中に「しがみつけばしがみつくほど、物事はうまくいかない。やるべきことをやったら、あとは天に任せる」というその経営者からの教えを私に伝えてくれました。また、彼女自身からは、ワクワクしていないとワクワクするようなことは起きえない、という「共振共鳴の法則」も。

　絶望的な状況のなかで、恐る恐るこの助言を実践すると、ちょうど1週間後に前妻とは関係のないところで奇跡的にその経営者との出会いがあり、その方のサポートのおかげで個人の破産は免れることができました。

直感と感性を活かしたマーケティング

　この経験から学んだのは「自分の内側の声に耳を澄ませる」ことの重要性です。これをきっかけにして、私は『直感マーケティング』を創設しました。科学では説明がつかないけれども、目に見えない力というものは確実に存在します。現在、1年の約半分をマーケティング先進国であるアメリカに身を置き、直感と感性を活かしたマーケティングやセールスの手法を多くの方々に伝えながら、クライアントさんには成果でその効果を証明しています。

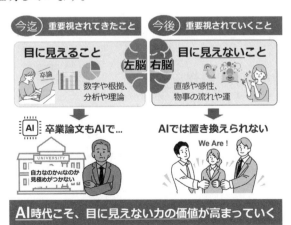

ビジネスの世界では数字や根拠が重視されますが、私はそれらよりも経営者の直感や感性が重要だと信じています。米国で活躍中の多くの経営者もこの価値観に共感しています。

　数字や理論は左脳系の分野であり、これらはAIツールが代行してくれる時代になりました。私たちは人間として、もっと豊かな時間と叡智（えいち）の使い方をすべきだと考えています。これらは全て、右脳系の分野であることも忘れてはいけません。

　私は差別化という言葉が嫌いです。男女差別、人種差別など、差別は良くないことと教わってきたはずですが、なぜビジネス業界だけは差別という言葉がまかり通っているのでしょうか。戦略や戦術といった戦争用語も好ましくありません。私は競争ではなく、独自化による共感主義を重視しています。独自化のための第一歩は、自分の内側の声に耳を澄ませ、自分の好きな要素や遊びの要素を仕事に取り入れることです。

　直感や感性はトレーニングで高めることができます。具体的には、文学や映画、芸術、自然に触れることが効果的です。過去に、私は数字や理論で固められた経営学や成功者の姿に振り回されていましたが、今では内側の声を最優先にしています。すなわちそれは、自分を信じるということだと思っています。

遊びのような仕事を目指して

　これからは「遊びのように夢中になれる仕事」の質を高め、仕事と遊びの境界線をなくすことが私の夢です。性別をはじめ、あらゆる境界線が突破される多様化の時代において、この方向性は間違っていないと確信しています。

左脳で考えることや努力をないがしろにするわけではありませんが、数字や科学で説明できないことにも価値があり、それを尊重することが大切です。地球上の事象のうち、科学で証明できるのはごく一部です。目に見えない力に生かされていることを前提にすると、日常のささいなことにも幸せを見つけやすくなります。このように俯瞰することで、困難や苦難ですら楽しむ心で向かい合うことができ、日々ワクワク過ごすことができます。

　以上が私の経験と学びから得た、困難や苦難を乗り越えて日々ワクワクできる秘訣です。あなたも自分の内側の声に耳を傾け、直感と感性を大切にすることで、あなただけのもっと楽しくて、もっと素敵な毎日を切り拓くことができます。どうか試してみてください。
　最後に、もし今のあなたが困難や苦難に直面しているのであれば、私の２度目の破産の危機の際に助けてくださった経営者の言葉、「四面楚歌の時に現れる道は上にあります」を贈ります。私にとっても何度も支えとなった言葉です。
　最後まで読んでくださって、ありがとうございます。

〈プロフィール〉**安部 宥志**（あべ ひろし）

株式会社オーシャンホールディングス代表取締役
1977年5月26日埼玉県川越市生まれ。中央大学法学部政治学科卒業後の2000年、株式会社オービック・オフィスオートメーションに入社する。7年連続TOPセールス記録を樹立。2008年独立。リーマンショックも相まって即破産。うつ病、自殺未遂を経て2011年、2回目の起業を試みたものの2017年、2回目の破産を経験する。この時、株式会社オーシャンホールディングスのみを残し、経営していた4社中3社が同時破産する。しかし、人生の急転換を迎えて翌2018年、米国ハワイ州（ホノルル市）に移住することとなる。その後一時米国から強制送還されるが、2022年に奇跡的に米国ビザを取得。カリフォルニア州内の中小企業にマーケティング（集客）支援を開始する。2023年、カリフォルニア州ロサンゼルス倫理法人会入会。現在、中堅中小企業向けに直感マーケティングを活用した集客・販売のコンサルティングを展開している。

主な実績	［これまでの主な講演・研修テーマ］ AI時代を生き抜く：経営の基本は数字から直感にシフトした AI時代の新常識：直感マーケティング概論 競争主義から脱却：共感主義へのシフトチェンジは独自化だけ ［これまでの主なコンサルティング内容］ 差別化に頼らず、中小企業こそ独自化することで最高最善の見込み顧客を獲得する仕組みづくりを得意としている
対応エリア	全国・米国カリフォルニア州（面談またはオンライン）
その他提供可能なサービス内容	集客と販売に関わる業務のDX化支援/集客自動化ツール（MA）や業務自動化（RPA）ツールの導入支援
その他の参考情報	［所有資格］ (一財)沖縄ITイノベーション戦略センター　集客有識者 (公財)沖縄県産業振興公社　登録専門家（営業・販売） (一財)沖縄観光コンベンションビューロー　育人講師 ［著書］ 『絶対に目標達成できる人の営業のワザ』明日香出版社 『トップの言葉／仕事の舞台裏で磨かれた金言（共著）』パレードブックス
依頼者へメッセージ	集客〜販売まで、一気通貫でサポートできることを得意としています。お気軽にお声がけくださいね。
連絡先	ホームページ https://lit.link/abehiroshi1977 メールアドレス contact@feelingmktg.com

6-3 信条・特徴・取り組み・モットーなど
戦略的コミュニケーション構築プランナー

3つのコミュニケーションを構築し勝ち組企業を目指す

株式会社大勝 命銘塾 代表取締役社長、

戦略的コミュニケーション構築プランナー／大勝康弘

勝ち組企業のコミュニケーション戦略とは？

　コミュニケーションという言葉が「受け持つ」意味は、非常に広く曖昧です。お辞儀の角度や、服装、言葉遣いなど、人と人が接するあらゆる事象を「コミュニケーション」と捉えることができます。少し難しい言い方をすれば、情報伝達や意思疎通などの全てを表す言葉とも言えるでしょう。

　それではあまりに広いので、ここでは、組織、特に日本を支える中小・零細企業の経営者に、ぜひお考えいただきたい、企業が採るべきコミュニケーション戦略を、広範なコミュニケーションと区別し「戦略的コミュニケーション」と命名し、ご紹介させていただきます。

勝ち組企業は知っている戦略的コミュニケーション

　私は、このタイトルで講演をさせていただくことがあります。ここで言う勝ち組企業とは、日本を代表する誰でも知っている企業のこと。成功した企業は、私の造語「戦略的コミュニケーション」の言葉は知らなくても、その意味するところは熟知し、日常活動において実践されています。

　いや、むしろ、若くて生意気盛りだった私は、そうした一流企業のコ

ミュニケーション活動のお手伝いを通して、成功する企業のコミュニケーション戦略を学ばせていただいたと言うべきかもしれません。

勝ち組企業のたった3つのコミュニケーション

あるセミナーで、企業経営者のためのブランディングのお話を伺う機会がありました。自社ブランドに対する顧客の信頼を高めるばかりではなく、自社スタッフに対しても、ブランド価値を共有してもらうことが重要という内容だったと思います。

あなたのそのブランドは、他者と共有されて初めて「輝き」だすのです。

私は、その「輝き」を共有するコミュニケーションを、戦略的コミュニケーションと捉えています。

ビジネスのコミュニケーションと言えば、お辞儀の角度や、言葉遣い、名刺の受け渡し、TPOに合わせた服装……、これらの研修を受けた方も多いのではないでしょうか？

このようなコミュニケーション上のマナーも大切ですが、企業の戦略としてのコミュニケーションの対象は、たった3つと捉えることができます。

その前に、マーケティングの教科書では対象を市場と捉え、先のブランディングの先生は、それに加え自社の従業員等インナーも対象に挙げていました。

つくり上げた「ブランド」を市場に問う活動に必要なコミュニケーションの対象を、私は戦略的に次の3つと規定し、それぞれ以下のネーミングでご案内しています。

①スタッフ・コミュニケーション
②クライアント・コミュニケーション
③メディア・コミュニケーション

〈①スタッフ・コミュニケーション〉

　まず、「スタッフ・コミュニケーション」についてご説明いたします。
　このコミュニケーションは、文字通り、あなたの会社で一緒に仕事をする仲間との関係を構築するためのコミュニケーションです。社長の思い、志、経営に対する理念などをスタッフと誤解なく共有するインナー向けのコミュニケーションです。具体的な言葉や意匠を共有することを、ぜひ、お考えください。「社訓」「経営理念」「社歌」「トレードマーク」などなど。
「おれは、独り社長だから、そんなのはいらない」
と考えているあなた。それは違います。今日のあなたと、明日のあなたとの「志」「理念」の共有も必要です。これがブレると、お客さま、マーケットへの対応もブレてしまうからです。あなたの創業の思いを「座右の銘」にして、経営指針とすることを、まずお勧めします。それは、将来のスタッフやお客さまに対する最初の約束となるからです。

〈②クライアント・コミュニケーション〉
〈③メディア・コミュニケーション〉

　これら2つのコミュニケーションの対象は、単にマーケットとして括られることもありますが、戦略的コミュニケーションの考え方では、今あるお客さまを、クライアントさんという言葉で表現しました。固定客とか、上得意と言えるお客さまです。「クライアント・コミュニケーション」は、あなたの事業経営を支える大切なコミュニケーションです。
　スタッフ・コミュニケーションで、あなたの思いをスタッフと共有し、上得意であるクライアントさんをがっちりキープしたら、いよいよ事業拡大です。
　未知のお客さまへの販路を広げるために、さまざまな媒体を使う必要があります。口コミ、Web、チラシ、CM……。さまざまな「メディア」を用いてあなたのサービス、商品を「新しい」お客さまに紹介する

コミュニケーション、それを3つめのコミュニケーション、「メディア・コミュニケーション」と命名しました。

企業の課題解決のための戦略的コミュニケーション

よくお受けするする相談に、次のようなものがあります。
「社員の定着率が悪い。指示待ち社員をどうにかしたい。結局、俺が全部やる」

①のスタッフ・コミュニケーションが機能していないのが、わかりますよね？ 社長の理念の共有ができれば、スタッフのモラール、モチベーションは上がり、社への帰属というか一員としての意識も高まり、定着率も上がります。

スタッフも明るく元気に頑張れる職場が創出されます。

また、売上を向上させたいという悩みに関しては、②のクライアント・コミュニケーションをしっかりする必要があります。顧客は移り気です。デパートの外商さんのことを考えてみてください。固定客、上得意を大切しています。②をないがしろにして、③の新規顧客のアプローチに傾倒するのは危険です。固定客からの売上を100から110にする努力と、未知の市場を開拓して、０から10を生みだすのは、どちらが大変かは想像できますよね？ メディア・コミュニケーションの展開は、クライアント・コミュニケーションの充実が前提でなければなりません。

まず、あなたの会社の現状に即したコミュニケーション戦略を立ててみましょう。あなたの会社の課題に相応しいコミュニケーション戦略の構築を、ぜひ手伝わせてください。私がコンサルタントと名乗らず、戦略的コミュニケーション構築プランナーと称しているのは、一緒に考えるという思いからです。

〈プロフィール〉大勝 康弘（おおかつ やすひろ）

株式会社大勝 命銘塾 代表取締役、戦略的コミュニケーション構築プランナー
中央大学法学部法律学科卒業。
電通にてCMプランナー、イベント・プロデューサー、アカウント・エグゼクティブ等に従事。
一流企業のコミュニケーション戦略を実務を通じ、アシスト、習得。

主な実績	[これまでの主な講演・研修テーマ] ブランディング、ネーミング入門 勝つ！　企業のコミュニケーション戦略 勝ち組企業は知っているコミュニケーション戦略 売れるブランド・ネーミング　等 [これまでの主なコンサルティング内容] 企業コミュニケーション戦略構築、計画立案 新商品、新サービスのネーミング　等
対応エリア	全国
その他提供可能なサービス内容	話芸の歴史 落語鑑賞法 などのエンタメ系講演
その他の参考情報	[所有資格] イベント業務管理士1級
依頼者へメッセージ	元広告業界で働いてきました。広告会社の仕事は、単にクライアントさんの宣伝・広報にとどまらず、企業価値を創造し、高め、世の中に広めること、今ある企業課題の解決だと考えてきました。 成功した企業は、そのノウハウを知り、実践されていました。電通退職後、多くの中小・個人事業者と交流するなかで、コミュニケーション戦略の重要性を認識していないか、理解はできても、「手が回らない」社長さんをたくさん見てきました。 勝つ！　経営者になるために、一緒に「コミュニケーション戦略」を構築し、会社のさまざまな課題を解決していきましょう。
連絡先	メールアドレス d094630@yahoo.co.jp SNS Facebook「大勝康弘」で検索

6-4 信条・特徴・取り組み・モットーなど

お金を味方につける専門家

経営の安心感を高める事業計画の策定

経営デザインコンサルティングオフィス株式会社 代表取締役／川居宗則

なぜ事業計画を策定するのでしょうか？

　コロナ禍において、ある化粧品販売店の経営者から「現在、ドラッグストアでも化粧品が売られており、さらにコロナの影響で外出を控える女性が増え、売上が大幅に減少しています。コロナ融資の返済も始まり、本当に困っています」との相談を受けました。このような状況を打破するため、私は事業計画書の策定を提案しました。まずは冷静に現状を把握し、適切な対策を講じるためには、経営者の考えを整理し、「見える化」することが不可欠です。

　でき上がった事業計画書では、化粧品市場の動向を徹底的に調査しました。コロナ禍により外出用化粧品の需要は減少していたものの、アンチエイジング化粧品の市場は逆に微増していることが判明しました。これは、肌の状態を気にする女性たちの自己投資が衰えていないことを示しています。また、その会社には肌へのアドバイス力が高いベテランの販売員がいるとい

事業計画と経営方針を社員と共有し、会議で意見交換

う強みも浮き彫りになりました。この強みを活かし、アンチエイジング化粧品の販売を強化する事業計画を策定しました。経営者はこの事業計画を社内で説明し、経営方針を社員全員と共有しました。月１回の社内会議では活発な意見交換が行われ、結果的にコロナ禍を乗り越えることができました。

内部向けと外部向けの事業計画

　前述の化粧品販売店の事例は「内部向けの事業計画書」の一例です。社内の従業員に対して経営者の事業方針を明確に示し、認識の共有化を図ることが目的です。会社は、よく全員で同じ船に乗って航海することに例えられますが、その際に航海計画がなければ進むべき針路が見えません。事業計画は会社の進むべき方向を示すための羅針盤なのです。

　一方で、「外部向けの事業計画書」も存在します。これは資金調達や補助金・助成金の採択を受けるために使用されます。外部の関係者、つまり投資家、金融機関、公的支援機関などに対して、自社の事業内容や将来の展望を明確に説明するための重要な書面です。この書面に基づき、融資や補助金・助成金の採否が決定されます。

６Ｗ２Ｈで頭のなかを整理しましょう

　次に、事業計画書の作成方法について説明します。経営者は事業についてさまざまなことを考えていますが、それを整理し、書面に表すためには「６Ｗ２Ｈ」の要素で切り出すことが有効です（次ページの図）。

　Whatは「何を」、つまり商品・サービスの具体的な内容を明示します。

　Whyは「なぜ」、この事業を行う目的を明確にすることです。これは事業が困難に直面した際に、原点に立ち戻る精神的な支柱となります。成功する事業は社会に受け入れられる必要があるため、その社会的存在意義も確認しましょう。

「6W 2H」の要素

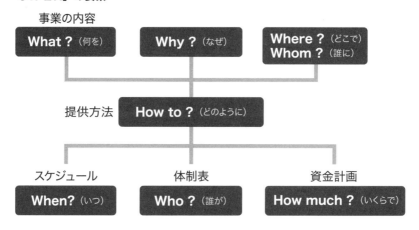

　Whereは「どこで」、Whomは「誰に」、つまり想定する市場とターゲット顧客を明確にすることです。商品やサービスを提供するターゲットはできるだけ絞り込むことが望ましいです。相手が具体的になればなるほど、アプローチ方法が具体化されます。

　How toは「どのように」、商品やサービスを提供するかという最も重要な項目です。商品やサービスを市場・顧客に提供する際に、競合優位性や独自性をどう発揮するかを詳細に検討します。これは他社との差別化要因であり、自社の強みを活かして事業を成功させるためのポイントです。

　Whenは「いつ」、事業を進めるスケジュールを立てることです。良いアイデアも、適切なタイミングで「人」や「資金」を投入し、顧客にアピールしなければ広まりません。この時間軸をしっかりと構築することで、実現可能性が高まります。

　Whoは「誰が」事業を行うかということです。社内の体制を整え、役割分担を明確にすることが重要です。経営者が多くを担うよりも、社員を信頼し任せることで組織の対応力が高まり、成功に結びつきます。

　最後に、How muchは「いくらで」、必要な資金や売上高、利益の目

標を明確にします。売上高は積算方式で考えます。商品ごとの単価に販売数を掛け合わせる、顧客単価に来店者数を掛け合わせるなど、売上高の根拠をきめ細かく算定することで説得力が増します。

融資において事業計画書が重要になっている！

　コロナ禍が収束し、ポストコロナと言われる現在、前向きな融資の相談が増えています。経済が回復し、新たな事業展開を考える企業が増えているためです。これに伴い、融資における事業計画策定についての相談も増加しています。この背景には「経営者保証に依存しない融資」と「伴走支援」という2つのキーワードがあります。

　金融庁は2022年12月に「経営者保証改革プログラム」を公表しました。これは、創業や事業承継などにおいて経営者保証を可能な限り取らないよう金融機関に指導するものです。「経営者保証に依存しない」ことは、金融機関が企業の事業性を評価し、融資の可否を判断する傾向を強めます。これを「事業性評価融資」と呼びます。

　また、金融機関には融資を実行した後も企業を支援する「伴走支援」が求められています。融資資金を活用して事業を展開する企業に対し、金融機関が寄り添い、継続的な支援を行います。伴走支援を行うためには、事業計画があるほうがフォローしやすいのです。計画通りに進まない場合でも、例えば売上が下振れした際には金融機関がビジネスマッチングとして販売先を紹介することもあります。このように本業に深く関わり支援することで、資金の出し手と受け手がWIN-WINの関係を築けます。

　事業計画の策定は決して難しいものではありません。頭のなかを整理し、順序立てて作成することで完成します。事業計画を羅針盤として策定することで、多くの企業が確実に発展することを願っています。

〈プロフィール〉川居 宗則（かわい むねのり）

経営デザインコンサルティングオフィス株式会社 代表取締役

東京都出身。1987年三井銀行（現・三井住友銀行）入社。主に融資業務、中小企業支援に携わる。支援に関わった企業は１万社以上。２店舗で支店長を歴任。2020年経営コンサルタントとして開業。阪神淡路大震災における地域復興支援経験をもとに、東日本大震災後、気仙沼市の商店街振興など地域活性化にも取り組んでいる。

主な実績	[これまでの主な講演・研修テーマ] 「次世代に個人リスクを残さない！　経営者保証を解除するチャンスを活かす」 「売上アップを実現させる!!　わかりやすい事業計画書の作り方とポイント」 「元銀行支店長が伝える！　有利な資金調達方法と上手な金融機関との付き合い方」 [これまでの主なコンサルティング内容] 電子部品製造業「事業承継に向けた経営改善による磨き上げ」 空調設備業「事業承継に向けた計画書作成と経営者保証解除」
対応エリア	講演：全国 コンサルティング：対面は関東、オンラインは全国
その他提供可能なサービス内容	初回オンライン相談は無料
その他の参考情報	[所有資格] 中小企業診断士、１級ファイナンシャル・プランニング技能士、１級販売士、ＣＴＰ（認定事業再生士）、認定経営革新等支援機関 [著書] 『元メガバンク支店長だから知っている銀行融資の引き出し方』（幻冬舎） 『元メガバンク支店長が教える　事業承継と経営者保証の解除』（PHPエディターズ・グループ）
依頼者へメッセージ	現在、全国の商工会議所、商工会、地方自治体、業界団体、大手企業、大学・大学院、金融機関などさまざまな組織から講演依頼を多数受けています。川居宗則のセミナー・講演のなかでお伝えするコンテンツは、自身の経験やコンサルティングの現場で実際に試行錯誤し発見した方法、具体的な事例です。
連絡先	ホームページ：https://keieidesign.net/ SNS：https://www.facebook.com/munenori.kawai メールアドレス：kawai.munenori@gmail.com

6-5 信条・特徴・取り組み・モットーなど
経営者のナビゲーターとして組織を活性化し、経営理念の確立と脱どんぶり経営で企業の永続化をサポート

組織の成果が上がる仕組みづくりと伴走支援

be-smiling（ビースマイリング）代表　中小企業診断士／佐々木孝美

経営者のお困り事解決のため、伴走型の支援を行います

　私はIT企業でプログラマ・SEを経て研修講師に転身し、その後、IT教育請負会社で取締役として経営に携わりました。しかし、経営は未経験でしたので、経営を体系的に学びたいと思い中小企業診断士の資格取得を目指して勉強を始めました。そこから経営の面白さに目覚め、個人事業主として独立。独立後に中小企業診断士の資格を取得、さらに経営学修士（MBA）も取得し、経営相談をはじめとして経営コンサルティングの仕事を行ってきました。

　多くの企業に関わるなかで、明確なビジョンが描けていない、数字や会計が苦手でどんぶり経営になっている、組織内のコミュニケーションが難しい、事業承継の見通しが立たないなどの悩みを抱えている事業者が多いことを実感しました。

　クライアントさんのさまざまなお困り事を支援するために、キャッシュフローコーチメソッド・理念実現コンサルティング・スモールM&A・アンガーマネジメント・ワークショップデザインを体系的に学びました。これらの知見を活かし、企業のお金のお悩み解決、組織活性化支援、事業承継サポートなど、経営者のナビゲーターとなるべく、パートナー型コンサルティングで長期的に企業を支援していく活動を行っています。

脱どんぶり経営のサポート

　経営者の方、起業を目指す方のなかにも、お金のことはよくわからない、決算書を見るのが苦手という方が意外に多いです。そのような方のために、視覚的にわかりやすい「お金のブロックパズル」（一般社団法人日本キャッシュフローコーチ協会　代表理事の和仁達也氏が考案したお金の流れの全体をわかりやすく図にしたもの）を使って、会社のお金の流れを「見える化」し、会社の数字を把握する方法を学んでいただきます。お金の流れがわかれば、設備投資をするべきか、従業員を新たに採用すべきかなど、根拠のある経営判断ができるようになります。また、従業員にも研修を受けていただくことで、社長と社員の立場の違いからくる危機感のズレをなくし、自分ごととして捉えることができ、会社の成長につながっていきます。

お金のブロックパズル

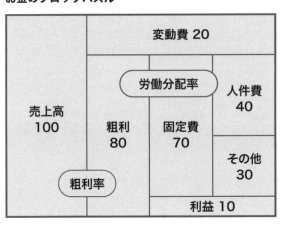

理念の策定と浸透のサポート

　経営者と社員が一丸となって会社を成長させていくためには、「経営理念＝（Mission〈ミッション〉・Vision〈ビジョン〉・Value〈バリュー〉）」を

明確に示すことが重要です。しかし、中小企業の経営者の方のなかには、事業を回すことで手一杯で、経営理念についてじっくり考えたことがないという方も少なくありません。

ミッションとは会社の存在意義であり、ビジョンとは会社が目指す理想の姿、バリューとはミッションやビジョンを実現するための行動指針です。私は、経営者や社員との面談やワークショップを通じて経営理念策定のサポートを行っています。ただ、立派な理念ができてもそれを飾っているだけでは成果にはつながりません。その後も定期的に研修や意見交換などを行い、経営理念を浸透させ、人が自律的に動き成果が上がる仕組みをつくっていきます。

第三者への事業承継(スモールM&A)

後継者問題は多くの中小企業経営者が抱える課題の1つです。親族や社員に事業承継できない場合は第三者への事業継承、具体的にはスモールM&Aをお勧めしています。M&Aと言うと大企業の話だと思われるかもしれませんが、小規模事業者・中小企業の後継者問題解決の手段として近年、注目を浴びています。

スモールM&Aは、買い手企業にはノウハウや技術、顧客、施設等を獲得できるというメリットがあり、売り手企業には今まで築き上げてきた事業が継続できる、社員の雇用を守れるなどのメリットがあります。

買い手側、売り手側双方に満足していただけるM&A、そしてM&A後の経営サポート（PMI）まで伴走支援いたします。

組織活性化のためのアンガーマネジメント

組織にはコミュニケーションが欠かせません。アンガーマネジメントは、怒りの感情と上手に付き合い、人間関係を良くするための心理トレーニングです。部下をどう叱ったらいいかわからないなど組織内の悩みをお持ちの方に向けた、研修やワークショップを行っています。

アンガーマネジメントを学ぶことで、怒りに振り回されることなく感情をコントロールでき、社内コミュニケーションの活性化、ひいては生産性向上にもつなげることができます。また、近年話題になっているパワハラ防止にもアンガーマネジメントは有効です。

コミュニケーションの場づくりとしてのワークショップ

現代はVUCAという将来の予測が困難な状況であり、組織内のコミュニケーションによる「価値創出」が求められています。ワークショップとは「参加者が主体的に参加する体験型のプログラム」のことで、コミュニケーションを必要とする現場で取り入れることにより、立場に関係なく意見交換ができます。ワークショップデザイナーとしてワークショップの企画運営行うことで、自然にコミュニケーションをとれる環境を整え、協力や創造性を促進する場づくりを行います。

創業支援

創業までの流れや、やりたいことの見える化、お金の見える化、マーケティングなど、創業に必要な知識を学び、創業計画書に落としこんでいきます。創業支援セミナーも開催しています。

目指すのは伴走型による経営者のお悩み解決＆サポーター

コンサルティングは、経験や知識をもとにアドバイスを行うティーチング型と、クライアントに寄り添って考えを引き出しクライアントのビジョン実現に向かって伴走するパートナー型に大きく二分されます。私は主にパートナー型のコンサルティングを行っています。関わった企業の方からは、「気さくで相談しやすい」とよく言っていただきます。「あなたに依頼して良かった」と言っていただけることが何よりの喜びです。

会社の経営が安定し永続していくこと、そこに働く皆さんが楽しく笑

第 6 章　事業や仕事の不安をなくす方法を伝える〜経営者編〜

顔で仕事ができること、そんな会社をつくりたい。これが私のモットーです。そのために、親身になって経営者の皆さんのサポートをしています。ぜひお気軽にご相談ください。

〈プロフィール〉**佐々木 孝美**(ささき たかみ)

be-smiling代表、中小企業診断士
福井県出身。ITサービス会社でプログラマ・SEを経て研修講師へ転身する。2009年に独立しbe-smilingを開業。2017年に中小企業診断士登録。2018年に経営学修士(MBA)も取得し、経営者のナビゲーターとしてパートナー型コンサルティングを行っている。

主な実績	[これまでの主な講演・研修テーマ] お金のブロックパズル／成果が上がる仕組み(理念策定)／創業／補助金申請サポート／第三者への事業承継／アンガーマネジメントによる職場風土改善等多数 [これまでの主なコンサルティング内容] キャッシュフローコーチ／理念実現コンサルティング／事業計画書作成支援／小売業・サービス業の新事業展開支援／飲食業・小売業・サービス業の創業支援／小売業・サービス業の業務改善
対応エリア	関西圏・北陸を中心とするが、全国対応可能
その他提供可能なサービス内容	オンラインで相談可能
その他の参考情報	[所有資格] 中小企業診断士、MBA、キャッシュフローコーチ®、アンガーマネジメントコンサルタント、バトンズ認定アドバイザー、ワークショップデザイナー [著書] 『ビジネスシーンで役に立つ！40字でまとめる「要約」の手法』(一般社団法人日本ビジネス要約協会著／ファストブック)編集協力
依頼者へメッセージ	経営者のナビゲーターとして、一緒に組織内のお金やコミュニケーションなどのお困り事を解決していきます。
連絡先	ホームページ https://be-smiling.com/ メールアドレス info@be-smiling.com

6-6 信条・特徴・取り組み・モットーなど

自分軸と組織軸を探索し、組織変革を推進する専門家

経営者が「自分軸」を明確にすると、組織は前進し始める

株式会社And Forward 代表取締役／瀬越敏弘

コーチングと出逢って、私の人生はガラッと変わった

　折に触れて自分の人生を振り返ってみると、実に面白いものだなぁと感じることがあります。私は愛媛県松山市で開業医の家に生まれ、将来は医師になるものと両親からも期待され育ってきたのですが、やがてすでに敷かれた線路の上をただ歩むことに反発を覚え、大学は文系を選択し、就職先は当時たくさんのシステムエンジニアを新卒採用していたIT業界へと進んだのです。

　国内外のIT企業数社に勤務してキャリアを積み重ねていき、最後に日本IBMで働くまでの約26年間、プロジェクトマネジャーやラインマネジャーとしてもさまざまな業務遂行に携わってきました。

　しかしそこでの日々は、私があまりにも成果達成にこだわりすぎて自分にもメンバーにも無理を強いてしまったために、チームは疲弊したムードになり、いきいき働くといった世界からはほど遠い状況でした。このような閉塞感を打開しようにも、私は元々コミュニケーションをとるのが苦手なタイプだと思い込んでいたので、急な案件を処理する場面でも、誰かに説明して対応してもらうよりは、自分でやるほうが早いと考えて作業を抱え込んでしまい、長時間労働が続き、そのうち私自身も体調を崩して休職することになってしまったのです。

私は仕事の進め方を深く反省し、自分の失敗を踏まえて、それからはメンバーがやりがいを持って働くには何が大切なのかを、日々模索するようになりました。そんな時に、心理カウンセリングとコーチングに出逢いました。初めはメンバーのためにノウハウを学ぼうと思っていたのですが、あるコーチングのセッションで、自分自身の価値観こそが問題だと気づき、そこへと自然に意識が向くようになりました。自分は何を大切にして仕事をしているのか？　自分にとって人生の意味とは何なのか？　といった根本的な問いに対して深く考えるようになっていったのです。そして、こうした内省で得た「自分軸」を拠り所としながらマネジャーとして働き、また自分の仕事観をベースにしてメンバーにも適時率直にメッセージを発信していくと、少しずつチーム内のコミュニケーションが良くなっていき、やがて対話自体が楽しくなっていったのです。それまで自分ではコミュニケーションが苦手だと思い込んでいたのですが、実は勘違いだったことに気づかされました。コーチングとのふとした出逢いによって、人生が180度も転換したという実感です。

自分の価値観、「自分軸」に気づくことが何よりも重要

　自分自身の心と向き合うことで人生が豊かに変化した私の経験から、この喜びをもっと多くの人にも伝えて、幅広く対人支援できる仕事がしたいという志を胸に、2015年、私がちょうど50歳のタイミングで退職してコーチ・研修講師として起業しました。現在は法人向けにマネジメントやリーダーシップ、チームビルディングの研修をしたり、エグゼクティブコーチとして経営者のサポートをさせていただいておりますが、かつてのあの苦闘の日々は無駄ではなく、こうなるためにあったのだと今では理解しています。

　さてコロナ禍以降、業種を問わず、経営者や事業部長からさまざまな悩みを相談されるようになりました。日頃は相談相手がいらっしゃらな

いケースも多いので、本音をお聞きすると、「自分の今のやり方で本当に良いのかどうか？」という迷いを口にされる方も少なからずおいでになります。その背景としては、かつてはトップが明確な方針を打ち出し、社員はそれに従っていくものという意識で回っていた組織のありようが、近年ではリモートワークや外国人労働者も増えてきて、働き方の価値観も多様化してきたということがあるでしょう。そのため、従来と同様の画一的な指示や命令だけでは思いが空回りしてしまい、社員との間に目的意識のズレも生じかねないという不安があるのだと考えられます。

そこで、経営方針を今の時代に合った表現でしっかりと伝えていく必要性から、「先代がつくった経営理念に少し手を加えたいので助言してほしい」という相談が出てくることもあります。

このような場合、その方に私がまず行うことは、何でも話せるような信頼関係を築きつつ、コーチングを通して自分の人生を振り返ってもらい、ご自身が一番大切にしていることを言語化してもらうことです。つまり自分の「価値観」に気づいてもらい、それを「自分軸」として明確に打ち出してもらうことです。

ある研究所のトップの方から、すでにあるビジョンの再構築を相談されたことがありました。結局、その方も「自分軸」に気づかれたことで、それを言語化して自分なりの言葉を加えてビジョンをアップデートされました。そして「自分軸」を明確にできたら、次は現場感覚に落とし込んでいくプロセスになります。かつての私自身がそうであったように、自分の経験や価値観をベースにして自分の言葉で話をすることは、ビジョンを血の通ったものにして説得力をアップさせてくれます。これが組織内に理念を浸透させていく原動力になります。

柔軟なものの見方・考え方を持つための知恵とは

「自分軸」を信念として明確にすることと同時に大切なことは、社員からの意見を受け止める心、「聴く耳を持つ」ということです。その際に大事になるのが、傾聴するのはもちろんのこと、相手がどの「視点・視野・視座」を持って話をしているかという点に着目して聴くことです。「視点」とはどこを見るかという対象のことで、売上で見る、コストで見る、状況で見る等いろいろな視点があります。「視野」とは範囲のことで、時間的なスケールで言うと、短期的、中期的、長期的な視野があり、また空間的には、社内か、業界か、日本国内か、世界を視野に入れての話なのかということです。「視座」とは、どの立場で見るかということで、現場の立場、経営者の立場、お客さまの立場などがありますが、これらの３つの座標軸を思考の中に組み入れておくことは、コミュニケーションのうえでも大変役に立ちます。相手の立場になって気持ちを理解できるようになれるからです。皆さまも何かにとらわれた際には、このような思考法を試されてみてはいかがでしょうか。

最後に、今後のビジョンとして、私はパートナーの講師やコンサルタントの方たちとの協力体制を強化していきたいと考えています。私は新任管理職研修やマネジメント層の研修が得意なのですが、他に５名のパートナー講師がおり、営業研修に強い人もいれば、人事面の強化に詳しい人もいますので、これからさらにパートナーを増強し、経営課題の解決に幅広く貢献できる会社を構築してまいります。

社名の「And Forward」は、「共に前へ進んでいこう」という願いを込めて命名したのですが、実はAndには、「安堵」の意味も含ませています。経営者やリーダー、マネジャーの方々が、安心して笑顔で一歩踏みだせる、そして社員みんなが笑顔になれる。そのような姿を心から応援したいのです。

〈プロフィール〉瀬越 敏弘（せごえ としひろ）

株式会社And Forward 代表取締役
1965年愛媛県生まれ。国内外のIT企業でプロジェクトマネジャー、管理職を経験。日本IBM在職中にコーチングとカウンセリングを学び始め、組織開発やコミュニケーションの向上に活用。その経験を活かし、2015年にコーチとして独立。現在は、コーチ、研修講師、組織開発ファシリテーター、キャリアコンサルタントとして活動している。

主な実績	［これまでの主な講演・研修テーマ］ リーダーシップ／マネジメント／チームビルディング／コーチング／キャリア開発／メンタルヘルス／ハラスメント防止 等 ［これまでの主なコンサルティング内容］ 経営理念・ビジョンの策定と浸透／社員の定着支援／人材育成プラン／組織開発支援　等
対応エリア	関東・四国エリアを中心に全国各地
その他提供可能なサービス内容	エグゼクティブコーチング／キャリアコンサルティング／DiSC®アセスメント／リズムを使ったワークショップなど
その他の参考情報	キャリアコンサルタント（国家資格）／産業カウンセラー／チームフロー認定プロコーチ／GCS認定コーチ／DiSC®認定トレーナー／Points of You®認定アドバンストレーナー／日本プロフェッショナル講師協会 認定講師／生涯学習開発財団ワークショップデザイン開発機構 認定ワークショップデザイナー／トレーニングビート®トレーナー ［著書］ 『組織は「感情」でできている』Kindle版
依頼者へメッセージ	研修では、講師自身が現場で苦労した経験、それを乗り越えた経験とノウハウを伝え、受講者からは「解説が非常に丁寧でわかりやすかった」「悩み・課題のヒント・答えを得られた」「これからやるべきことが明確になった」という評価を得ています。お客さまの課題やご要望をしっかりヒアリングし、それに合ったプログラムをご提案いたします。遠慮なくお問い合わせください。
連絡先	ホームページ https://andforward.co.jp/ メールアドレス info@andforward.co.jp

6-7 信条・特徴・取り組み・モットーなど

きっかけプレゼンター

何のために、今の事業や仕事をしているのか？

株式会社ヤマトソリューションズ代表取締役／田村茂利

目の前はお花畑、後ろを振り向けば崖っぷち！

　令和になり世の中が、AIがどんどん進化し、DX時代と言われ、ダイバーシティーとかインクルージョンとかいろいろな単語が生まれ、日本では少子高齢化、人生100年と言われるなか、「20XX問題」という言葉を耳にする機会も多くなってきました。

　予測不可能な「VUCAの時代」とも言われるようになり、新型コロナウイルス感染症も経験し、現代の社会情勢が先行き不透明で、この先の経営に不安がない人は少ないのではないでしょうか。

　従業員に目を向ければ、働き方改革や起業、副業、転職、採用、残業、有休消化などにも対応していかなくてはいけません。

　ですから、現在、どれだけ業績が良くて目の前がお花畑でも、これからの変化に対応していかなくてはいけないと思います。

　ゆでガエルのように何もせず、何も取りかからないのはどうなんでしょうか？

　ひょっとしたら、これからの時代は誰しもがいつ崖っぷちに立たされるかわからないのかもしれません。私は経営者ですが、その経営者になるパターンには3つあると思います。事業承継などの「受け継ぎ型」、ずっとやりたかったことに取り組んだ「自分がやりたい型」、そして、たまたま目の前にある仕事に取り組んだ「成り行き型」です。

私の場合は「成り行き型」です。目の前の仕事をしながら変化をしてきたパターンです。なので、ビジョンとか志とかは全くなくて起業しました。行き当たりばったりな感じでしたので、常にチャレンジをしていたと思います。

自分のポテンシャルを活かすためには

あなたはどのような形で今の経営者になり、会社経営をするようになったのでしょうか？

受け継ぎ型なのか、自分がやりたい型なのか、成り行き型なのか？

どんな経緯にしても、今となっては経営者です。自分自身の責任や夢、希望、社員やその家族、お客さま等の夢・希望を背負っています。

経営者として、リーダーとして突き進むしかない。

自分自身のポテンシャルを発揮しなくてはならない。

それにはどうすればいいのか？

普通は事業計画書や財務、人事などを見直し、改善を行うのかもしれません。しかし、全ての底辺となるそもそものチカラとは何でしょうか？

それは「チャレンジ」です。先にも話したように、私の場合は成り行き型なので立派なビジョンや志はなかったのですが、常に何かに「チャレンジ」する思考はあったと思います。

現代は変化の激しい時代であり、この「チャレンジ思考」が大切になってきました。

自分自身のポテンシャルを活かすには、日頃から「チャレンジ癖」をつけることなんです。難しいことはしなくて、誰にでもできる簡単なことを誰にもまねができないくらい全力でやることがポイントです。

例えば、ランニングや筋トレ、ダイエット、禁酒など身近なことからでOKなんです。その習慣が新しい事業や仕事に取り組む時のチカラになります。

私はかつて500mも走れなかったのですが、「毎月100kmマラソン」を丸8年、連続達成し続けているのです。

自分の感情、想い、考え方が重要

崖っぷちに立たされた時に、自分自身のポテンシャルを発揮するには日頃の「チャレンジ癖」が仕事に大きく貢献します。

しかし、それでも失敗する時やうまくいかない時もあるかと思います。

あなたの「チャレンジ癖」に大きなターボエンジンとなるのが、あなたの感情や想い、考え方です。

失敗したらリフレーミングをして考え方を変えればいい！

成功したいなら何が何でも成し遂げると感情あらわに突き進めばいい！

これを経営的に言えば、「経営理念」ですね。

何のために今の仕事をしているのか？

何を成し遂げたいのか？

本当は何がしたいのか？

経営理念は自分の腹の奥底からふつふつと湧き上がるマグマのように熱くて、力のあるあなたの「想い」「情熱」「感情」です。

それを起爆剤にして七転び八起きの精神でチャレンジし続けるしか、安定は生まれないと思います。本来は「理念」の達成のために、仕事や会社があるのではないでしょうか？

自分がどうしたいのか？

自分は何が好きなのか、楽しいのか？

自分が何に貢献できるのか？

あなたはどのような感情で経営をしているでしょうか？

私は人を楽しくさせたい。そのことで私も明るい気持ちになる。

この感情に火をつけながら、機関車のように煙突から煙を出して走り続けています。

事業を継続、切り抜ける４つの観点

　経営理念など経営者自身のビジョンや想いを整える時に、４つの観点があります。
　自分の有形、自分の無形、他者の有形、他者の無形、です。
　自分の有形とは、例えば売上高、自社ビル、上場など簡単に言えば自分自身の欲です。
　自分の無形とは、自分の有形が手に入った時の自分の気持ち、感情です。例えば、嬉しい、達成感、自信、誇り、感謝などです。
　他者の有形とは、自分の有形、無形が達成した時の周りの人への還元です。例えば、ボーナスやおしゃれな職場環境、福利厚生などです。
　他者の無形とは、自分の有形、無形が達成した時に周りの人がどのような気持ちになってほしいかです。例えば、給料がアップして嬉しい、気分良く働けて楽しい、自分の会社に誇りが持てる、などです。
　私はバブル崩壊後に新卒で大手４社の証券会社で証券営業をしていました。最初はノルマやボーナスのため、成績のため、自分のためだけに頑張っていました。
　しかし、株価が真っ逆さまな相場の時の営業は辛いものです。だから自分のためだけではパワーが出なくなってしまったのです。次はお客さまのため。それも長くは続かずまたパワーが出なくなってしまうのです。ある日、厳しい営業から帰社した時に、先輩や直属の上司からねぎらいの言葉をかけてもらい、その人のために頑張ろうと思ったのです。
　ここで１つの方程式ができたのですが、それが「人は好きな人、大切な人のためなら頑張れる！」というものでした。４つの観点の「他者の無形」です。その人の想いや期待に応えたい！　貢献したい！　喜んでもらいたい！　そういう気持ちが自分自身に芽生えたのです。

経営は感謝・ありがとうで成り立っている

　崖っぷちから安全安心な経営に取り組む時、よく、会社の目標を「売上額」にしているところがあります。
　それは、今の時代の感覚ではで古いです。逆効果だと思います。
　なぜならば、ピンチを乗り越えるには経営者だけで頑張るのではなく、共に働く人全員のチーム力が必ず必要になるからです。その時に、売上額のような「目に見える目標」は働く仲間と一致しないことに気づかないんです。だからチーム力が発揮できないので、遠回りになります。
　ではどうすればいいのか？
　会社の目標を「お客さまからの感謝の数」にするのです。
　人の感情のような目に見えにくい目標は、社内とかお客さまなどが共感すると、爆発的なチーム力の発揮につながるのです。「他者の無形」を目標に設定するのです。
　「無形」での最高峰は「感謝」です。
　経営者として共に働く社員に感謝しているのか？
　難しいのは、経営者であるあなたが社員やお客さま等から感謝されているのかどうかです。
　感謝されるには、経営者独りよがりのビジョンではなく、社員やお客さま等が共感するビジョンを持っていなくてはいけないと思います。
　そうなるためには、まずはあなたが、仮に今の会社の状況、条件、環境が最悪な時でも感謝することです。
　共に働く仲間や社員、お客さま、家族、地域に感謝することなんです。
　私は20代で他人の借金ために人生が横道にそれ、憎しみと憎悪の塊（かたまり）でした。
　しかし、今ではそれに対して「ありがとう」と少し言えるのです。

この世に中は「感謝・ありがとう」で成り立っているのです。
　経営に「ありがとう」を取り入れてみる。ここから始めてみませんか。

〈プロフィール〉**田村 茂利**（たむら しげとし）

株式会社ヤマトソリューションズ 代表取締役
元山一證券証券マン
旅育ワーケーションツアーズ株式会社 代表取締役

主な実績	［これまでの主な講演・研修テーマ］ 「感謝力UP研修」「チームビルディング」 ［これまでの主なコンサルティング内容］ 業務効率改善
対応エリア	全国
その他提供可能な サービス内容	ハガキへの宛名書き代行サービス オリジナル集客ツアーの企画、運営、実施
その他の参考情報	［所有資格］ 国内旅行業務取扱管理者・旅程管理主任者 ワーケーションコンサルタント キャンプインストラクター・自然体験活動指導者 ドローンパイロット・第2級陸上特殊無線技士 健康管理士・健康管理能力検定1級 自立型人財育成セルフマネジメント認定インストラクター 子ども教室児童指導員
依頼者へメッセージ	いろいろな学びはありますが、結局は「感謝力」が向上すれば仕事も家庭もプライベートも楽しくなります。 「感謝力UP研修」ならNo.1です。
連絡先	ホームページ https://www.arigatou-hagaki.com https://yamato-solutions.co.jp/ https://tabiwake.com/ メールアドレス tamura@arigatou-hagaki.com

6-8 信条・特徴・取り組み・モットーなど
感性哲学コンサルタント

「感性」×「哲学」で"自分の道"が見えてくる

「月の庵」代表／月野直美

　経営者の皆さま、日々の経営やさまざまな決断の場面で、「本当にこの道でよいのか？」と、迷いや不安を感じることはありませんか？

　自信を持って決断するためには、揺るがない"自分の道"を見つけることがまずは大切です。

　私は、「感性」×「哲学」の2つの軸を使って"自分の道"を見つける方法を、講演やコンサルティングでお伝えしています。その哲学原理として「感性論哲学」を根拠にしており、その内容を一部ご紹介します。

感性は、生きる意欲の源

　感性は、自ら生きるために必要なものを積極的・能動的・選択的・主体的に求めていくという性質があります。例えば、生きるために光が必要な単細胞生物は、あらゆる刺激のなかから光だけを選び取って反応します。

　植物は生きるために必要な光に向かって茎を伸ばし、水を求めて地中に根を伸ばしていきます。では、人間にとって生きるために必要なものとは何でしょうか？　それを示しているのが、一人ひとりの内から湧いてくる興味・関心・好奇心・欲求、つまり心が欲することです。何が好きでどんなことに夢中になったか、その根っこを観ることです。

ここで、子どもの頃に好きだったことをいくつか思い出してください。
　私の幼少期の一番の楽しみは、父が買ってくれる世界名作童話を読むこと。
「ごはんよ～」と呼ばれても、「物語の続きを読みたい！」という気持ちのほうが強く、まさに三度の飯より好きなことでした。なぜ好きだったのか？　その理由がここで重要になります。私の場合は「主人公の人生の展開を知ることにワクワクする」という興味・関心・好奇心でした。それから30年後、私は講座やコンサルティングで、人生のビジョン（人生の展開）を描くための支援サポートを仕事にしています。

　経営者の方々が集まる研修では、「子どもの頃から今日までの好きなことを描く」というワークを実施することがありますが、日頃厳しい表情をされている皆さんが童心に帰ってワイワイ楽しそうに対話を始められ、純粋に好きなことに夢中になっていた頃の"感性"を取り戻していかれます。このワークにはさらに理由を深堀し共通項を見出して、根源をつかむワークが入るのですが、それはぜひ、研修または講演会にて体感していただければと思います。

あなたは、世界のどの部分を一歩前に進めますか？

　２つの軸のもう１つ、それは感性で気づく「ちょっとおかしい」という異和感※です。

※感性論哲学では、違和感を異和感と書きます。理由は、「違」という字は違反、違法など、どちらかが間違っているという時に使いますが、異和感はどちらも間違いではなく異なっているだけとの意。

「人生のなかで、自分が感じた異和感は何ですか？」。これを講演や研

修でお互いに話していただくのですが、皆それぞれ異なっているのが常です。

感性論哲学では、「どこに異和感を持つかは、その人の素質に関係する」とされています。「あなたが感じた異和感は、あなた自身がそれを今の時代に合うものへと変革する人だということを教えてくれている」と。

さらに、現実に対して異和感を持つということは、潜在的な"感性"が現実よりも先を行っているのだから、本気で取り組めば、今の現実を時代に合ったところまで進めることができる能力があなたには備わっている、と。

例えば、中学時代の部活の体罰やしごきといった指導に異和感を持った方が、スポーツ指導の分野で起業され、新たな事業として今の時代に合った、楽しみながら力を伸ばす部活指導を日本各地へ普及されていること、などが挙げられます。私は高校時代、自分のやりたいことが見つからないのに大学受験勉強へと追いやられることに異和感を覚えたので、若者向けに自分のやりたい方向を見つけるキャリア教育を独自に開発し、大学や高校など、全国の学校を巡って普及させてきました。

あなたが人生で感じた異和感は何ですか？　それを変えるために、何ができますか？　社会を一歩前に進める仕事が待っているかもしれません。

〈頭➡心➡体〉から〈心➡頭➡体〉へ

感性論哲学では、まずは心・感性が喜ぶビジョン・目標を設定することを大事にします。そうすれば、頭は言われなくてもそれを実現する方法を考え始め、体は頭の考えたことを行動に移そうとします。ところが、今の会社でよく行われているのは、頭で考えてビジョンや目標を定めることです。するとどうなるか。心がついていけなくなり、体は動きたくないと休みがちになって、ついにはメンタルの病になっていく人が

増加するのです。

受講後の変化

　講演やコンサルティングを受講された経営者の方々から、数々の変化が報告されています。

　受講後に「自分の軸がクリアになり、迷いがなくなった」（40代男性　後継経営者）、「自分が今世で達成したい人生が明確になりました」（50代男性　2代目経営者）、「自分の生き方を尊く思えるようになり、気持ちがスッキリ、シンプルになりました」（50代男性　経営者）といった感想も寄せられています。また、自分の決断に対する自信が増し、堂々と発信できるようになったと感じる方が多く、経営者としてだけでなく、一人の人間として根源につながった自信と安定が生まれているようです。

　さらに、「月野さんの前だと、みんな素直になりますね」「よろいを脱いで、素直に話ができる安心感。初対面で心を開き本音で話ができるのが不思議でした」といった感想も多数いただいています。心を開き、素直に本心を語る場を提供することができ、それによって本質を引きだすことができるのは、私のコンサルティングの大きな強みです。

　長年哲学を学び続けてきた経験から、その人にとって今、最も必要な哲学者の言葉をコーディネートしてお渡しすることができ、その哲学の言葉と出逢うことで、自分本来のエネルギーが湧きでてきて、その人の自然体のおおらかさ、芯につながる力強さが現れてきます。

終わりに

「感性の時代」と言われて久しいですが、今、新入社員として入ってくる若者の感性は「世の中のためになる仕事をしたい」「人間関係の良い会社で働きたい」「自分が成長できる会社で働きたい」と願っています。どんな人間も自分の特性を伸ばして、そのことで役に立ちたいと願っているのです。

「自己の根源は、一切の人間の故郷である。そこに帰れば、一切の人間の苦楽損得というような浅い関心が破れて、自分の根源の願いに生きることができる」　　　　『人生随想』月野 貢 著
※10歳の時に、自分の道を見出すきっかけをくれた祖父の本の言葉から引用

　感性と哲学で自分の道を見出すことができれば、いつ途上で倒れたとしても、自分の道を歩んできたことへの充実感と安心感があり、「悔いはない」という清々しい気持ちで、人生を終われるのではないでしょうか。
　時代は大きな変革の時を迎えていると言われています。何が起ころうと、今、自分の道を一歩一歩、命の喜びを感じながら歩むこと、そして、世の中を少しでもより良い場所に変化させていく道を共に歩んでいきましょう。
　あなたの人生の旅に、ご一緒できればとても嬉しく思います。

〈プロフィール〉**月野 直美**（つきの なおみ）

「月の庵」代表
大手企業に3年勤務後、自らの道を見出し自己実現講師の道へ。10歳の時から禅・哲学の世界に惹かれ、19歳から禅寺に通い、31歳で大学の哲学科へ。哲学を活かした軸とビジョン研修を開発し、東大・筑波大・九大、関東・関西の企業リーダーへ展開、現在は経営者の1on1理念・ビジョンづくり、組織づくりのコンサルタント、講演・研修講師。

主な実績	[これまでの主な講演テーマ] ・人が集まる会社 離職対策3つ（エンゲージメント向上） ・感性と哲学で困難を希望に変える ・自分も相手も大切にする生き方〜感性・哲学・対話力〜 ・意志（自己実現）と愛（人間関係）の哲学と対話 ・コミュニケーションの質を高める哲学 [これまでの主な研修・コンサルティング] ・2代目・3代目・後継者の軸とビジョン講座（1on1） ・リーダーのための人間力と対話力研修 ・自ら考え動き続ける組織の創造（心理的安全性向上） ・理念浸透研修（トップの公開インタビューとワーク） ・理念創造、理念リニューアル　経営者個人講座
対応エリア	福岡・九州各県　※関東・関西、対応可
その他提供可能なサービス内容	①禅・哲学の対話カフェ（第4土曜）zoom・対面 ②入社5年以内の社員のためのキャリア研修 ③40代の女性リーダーの自分軸とビジョン講座
その他の参考情報	[所有資格] 感性論哲学認定講師（女性初） 自走式組織®コンサルタント [著書] 共著『日本の自画像　Vol.2』-自分に素直に生きる- 共著『みんなの地球は夢林檎』
依頼者へメッセージ	先が予測できない時代に、根源や核心とつながる哲学を学び、不安や迷いの状態から、"自分の道"を確信をもって歩む勇気と元気が湧いてくる、そんなきっかけをお届けします。
連絡先	ホームページ　　　　https://tsukino-naomi.jp facebook　　　　　　月野 直美 で検索ください メールアドレス　　　tsukinoan@outlook.jp

6-9 信条・特徴・取り組み・モットーなど
やりたい経営を実現するパートナー

人・モノ・お金＋情報・絆が集まるモテ社長®はきょうも元気です

株式会社未来経営 代表取締役／中垣聖代

なぜ経営者は元気でいなければならないか

　私たち中小企業の経営者は、一目見て「あ、あの人中小企業の経営者でしょ」とわかるくらい元気でいなくてはなりません。背筋はピンと伸び、肌のツヤも良く、目がキラキラと輝いている。朗らかで明るい振る舞い、声には張りがあり、話すと周りも元気になる。
「元気」の定義「(体の) 調子が良くて、気力、体力が盛んな様子」そのものです。

　経営者はなぜ元気でいなければならないか。それは影響力がとても大きい存在だからです。
　日本の企業の99.7％は中小企業であり、当然、働く人も圧倒的多数です。そこの社長が元気であるということは、社業が順調で社員とその家族も元気、関わる大企業も、地域社会も、日本も元気、という良い循環の源になります。

経営者が元気であり続けるために必要なこと

　経営者が元気であるのはどんな時でしょうか。
「枠が予約でいっぱいです」「新規契約が決まりました」
　やはり社業の業績がいい、経済的に健全な状態であることは必須でし

ょう。

「新人さんが仕事を覚えて楽しそう」「チームに任せれば安心」
　社員やチームの成長が感じられる時も、嬉しくて元気がもらえます。

「お客さまから感謝のメッセージいただいた」「ビジネスパートナーと良い仕事ができた」

　顧客や地域に貢献できれば、ご縁を大切に誠実にやってきて良かった、これからも頑張ろうと思えます。

　一方、「一生懸命やっているけど業績はカツカツ」「社員は採用難なうえにサクッと辞める」「そうそううまくいく時ばかりではないよ」という切実な声が聞こえてきそうです。こんな時も元気な経営者でいるには、どうしたらよいでしょうか。

　例えば、家族や友人と旅行を計画するとします。
「北海道に行こう」「自然のなかでのんびりしたいね」「フェリーで行ってみない？」
「せっかくだからいいホテルに泊まっちゃおう」
　楽しい旅になりそうですね。途中アクシデントがあったとしても、それさえもスパイスになり、最後まで楽しめそうです。

　ところが、のんびりしたかったのにガンガン観光地巡り。「こんなはずじゃなかった！」。我慢するかそのうち喧嘩になるか……というところでしょう。アクシデントがあったらもう帰りたくなります。

　旅行ではここまで酷くないとしても、経営では意識せずにやってしま

第6章　事業や仕事の不安をなくす方法を伝える〜経営者編〜

っている会社というのは案外少なくありません。目指すところを決めていないから気持ちはバラバラ、つまずいたら頑張れない。人が辞めるのでいつも人手不足、経営者が現場を離れられない、忙しくてコミュニケーションがとれない、納期が遅れてクレームになる、雰囲気はギスギス……。あぁ、悪循環。

　では、どうしたらよいでしょうか。それではここで、ワークをやってみましょう。

「あなたの会社の商品は何ですか？　これが売れていると調子がいい、というものは何？」
「販売のフィールドはどこですか？　地元の地域？　ネットのなか？」
「お客さまはどんな人ですか？　キーワードは年齢？　収入？　趣味？」

　言葉にして書きだして明確にしてみてください。たくさんあったら思うまま書きだして、「これがメインだ」というものを1つ決めてください。

「その商品をその地域でそのお客さまにお届けすることは、どのような価値があるのでしょうか？」。これがあなたの会社の存在意義＝ミッションにつながります。

「それが実現した未来にはどんなシーンが浮かびますか？」。これが理想の未来像＝ビジョンになります。

「そこに向かう道のりであなたの会社が大切にすることは何ですか？」。これがあなたの会社の価値観＝バリューとなります。

会社が目指す方向性が明確になりました。次はそこにどうやって進みますか？
「いつまでにどうなっていたらよいですか？ 基準は売上高？ お客さまの数？ 業界シェア？ 地域シェア？ 店舗数？」
「では、現在の状況はどうでしょうか？」
「未来とのギャップを埋めるために、何をしますか？」
「どのように営業していきますか？」
「理想の組織図は？ そのための採用は？ 教育は？」
こうして具体的な戦略＝アクションプランになっていきます。

そもそも、「あなたはなぜ会社を興して、または受け継いで、それを実現したいと考えているのでしょうか」
ここまで言語化して発信すると、一緒にやりたい！ ワクワクする！ と共感共鳴する「人・モノ・お金・情報・ご縁」が集まってきます。元気の源「業績向上・成長・貢献」を継続する一体感・結束のエネルギーになります。

ぶっちゃけ「遠回りだな、まどろっこしい」と思いますか？ これらの「存在意義・理念・未来像・価値観」を言語化して発信しないと、自分もブレるし周りも不安です。スマートでなくても「あなたの言葉」に熱意を乗せて発信することです。これは覚悟と決意を持って経営者がやるしかないことです。

ある経営者の事例

ここで、2つの事例をご紹介します。
ある経営者は40歳を過ぎて、どうしても自分の力で挑戦したくなり、脱サラ開業しました。資格と数件の顧客のみを持つゼロ開業。年商1億円という業界でわずか5％が到達できる領域を目指していました。「社

長、どうしてそんなに頑張れるんですか？」「みんなにいい給料払いたいからだろ！」。本気で進む経営者にメンバーもその気になりました。もちろん平坦な道ではありませんでしたが、開業10年で本当に実現したのでした。

　そしてもう一例。

　新しい事業部門を立ち上げ、こつこつと顧客を増やし、投資もいとわず、軌道に乗るかと思いきや、担当者が顧客・サービス・スタッフごと退職するという事態になりました。同じゴールを目指しているつもりでしたが、違う方向に向かっていることに気づくことができず、その事業は閉じざるをえませんでした。

未来へ進む元気を保つ方法

　私たち経営者と社員は、役割や責任は違うけれど、社業を通して「ワクワク」と「ありがとう」でつながり共にゴールを目指す同志、というマインドになれれば、強い組織になれます。

　行き詰まることもあるでしょう。それでも元気を切らさないためには、情熱・願望と向上心を持ち続け、自分自身を磨き続ける環境・仲間に身を置くことをお勧めします。例えば、経営者の勉強会に参加する、信頼できるパートナーの力を借りる、フラットになれるルーティンを持っておく、などです。

経営者は唯一自分の夢と会社の未来を100％一致させることができる

　経営者は、会社と個人の夢を100％一致させることができるポジションにいます。

　責任は重く、リスクもある。でも、面白くて辞められない。そんな魅力ある経営者には「人・モノ・お金＋情報・ご縁」が集まってくるモテ社長®です。そんなモテ社長®の元気と、社長も社員も幸せな会社づくりを、私は応援していきます。

〈プロフィール〉**中垣 聖代**（なかがき まさよ）

株式会社未来経営 代表取締役
1967年愛知県生まれ。経営の源泉となる理念の言語化と発信をサポートする。経営戦略とそれを実行できる組織戦略で理念実現と業績向上を両立させる。保育士、専業主婦を経て、夫の税理士事務所開業の経営サポートで社会復帰。簿記2級合格をきっかけに勉強を始めて社会保険労務士資格を取得する。家族とのおでかけとスイーツが癒やし。

主な実績	[これまでの主な講演・研修テーマ] 未来経営塾　経営者向けに経営戦略から組織戦略まで学ぶ経営塾 管理職研修　現場リーダー　幹部　対象 評価者研修　人事評価担当者対象 方眼ノートメソッド [これまでの主なコンサルティング内容] 経営計画策定　ミッション・ビジョン・バリューの言語化とロードマップ策定 経営指針発表会までサポート 経営者ビジネスコーチング　営業プロジェクト支援　採用支援　会議支援
対応エリア	愛知県岡崎市　近隣市町村　オンライン
その他提供可能なサービス内容	人事評価制度構築
その他の参考情報	[所有資格] 社会保険労務士　保育士　採用定着士®　GCS認定コーチ 方眼ノートトレーナー　ホームヘルパー2級
依頼者へメッセージ	個別相談初回50分無料
連絡先	ホームページ https://www.mirai-keiei.co.jp/ SNS https://www.facebook.com/nakagaki.masayo メールアドレス mnakagaki@mirai-keiei.co.jp

6-10 信条・特徴・取り組み・モットーなど
人の心と場のエネルギーコンサルティング

経営者のお悩み解決

Ancella代表／中原由利子

経営者の悩みのトップは

　経営者の方々のお悩みのなかで多いのが、人のマネジメントのことだと思います。
　私もよくご相談を受けます。
　いろいろあるかと思いますが、「部下が思うように動いてくれない」が多いかと思います。
　とある経営者さんのご相談。
　部下の仕事ぶりが気に入らない。
　期日までに間に合わなかったり、あれもできていない、これもできないと、その部下に対する不満のオンパレード。
　もう、言い出したら止まらなくなるくらいの勢いでした。
　いったん、全部お話を聞かせていただいて、質問させていただきました。
「その方の良いところはどこですか？」
　その経営者さん、しばらく考えていらして、
「とても社交的で、お客さまとの関係性はすごくいい。職場でも社員同士間を取り持つ、ムードメーカーです」
　また質問をしました。
「それに関して、どう思われますか？」

また、しばらく考えて
「その資質は、自分にはなかったです……」
　それらに気づかれた経営者さん、その部下に対する思いが変わり、納得されました。
　経営者さん自身の気持ちも軽くなったのか、それから顔や声のトーンが変わりました。
　部下の良いところも悪いところもよく知っている経営者さん、それは本当にすごいことだと思います。
　人はそれぞれ、いろいろな面を持っていると思います。
　部下のできないところ、悪いところばかりを見るのではなく、できるところ、良いところを見てください。
　その部下は、あなたにはない資質や才能を持っているかもしれません。
　経営者の仕事はマネジメントだと思っています。
　部下をマネジメントできるかが鍵になるかと思います。
　どんなふうにマネジメントするかですが。
　この人はこれが得手・不得手、こういう性格とか、部下にどんなふうに接しているか等。
　例えて言うなら、学校の先生のように、子どものことを見ている感じです。
　で、その視点から、接していく。
　例えば、指示されてそれで動くタイプの人であれば、指示が必要です。
　自分で動くタイプの人は、任せつつ、しっかり見守るスタンスで。
　そして、これも大事です。部下の話を聞く。
　忙しいからとか、何でも言ってくるからとか、何でも聞いてくるからとか。
　いちいち聞いていられない。お忙しいのは重々承知です。

それでも、やはり、それが大事です。

話を聞いてもらえると、部下に満足感があります。

そして、経営者であるあなたも、部下のことがわかります。

部下が何を考えているのかとか、こういう人となりだとか。

それを続けると、部下との固い信頼関係が生まれ、会社の結束力が強まります。

結束力が強まると、何があっても大丈夫と会社力が強まります。

なので、その第一歩として部下の話を聞いてください。

私が関わらせていただいた経営者の方が、こんな話をされていました。

年配の女性パート従業員さんが、いつも文句を自分に言ってくる。

いつもいい加減にしか聞いてなかったのが、ある時、本当に向き合って、その女性パート従業員さんの話を聞いたら、

「話を聞いてもらえて、スッとした、もうええわ」

と、文句の内容のことはもうよくなって、それから、一切文句を言ってこなくなったらしいです。

特に女性は、話を聞いてもらえることが安心感につながります。

聞きたくないということもあるかと思いますが、それも経営者の仕事の一貫です。話を聞いてあげてください。

自分を大事にする

これは、経営者の方以外にも全ての人に言えることです。

自分のことを大事にしないと、人のことも大事にできないのです。

なので、経営者の方には必須でやっていただきたいことです。

自分を大事にするのは、自分を認める、自分を労る、自分を否定しない、自分に嘘はつかない等をやっていただけたらと思います。

自分を認めるというのは、自分の経歴でやってきたことやできたことはもちろんですが、自分のなかのこんな性格が嫌だとか、これができな

いとか、長所・短所を全部認めるということです。

　どうやって嫌なところ認めるのかですが、自分にはこんな部分があるよね、と批判なしでただそう思うだけです。

　自分自身を否定していたら、いつか歪みが生じます。

　また、自分が否定している部分があると、それを人や部下がやっていたら、イライラしたり、無意識にムッとするのです。

　それは、相手の問題ではなくて、あなた自身の問題です。

　その思いがなければ、気にならないのです。

　なので、部下の態度にムッとしたとか、いつもこいつはこうだ、いつもこうでイライラするとか。

　そういう思いがあったら、何が自分のなかにあるのだろうか？

　それが何か、まず、気づいてください。

　それに気づくと、相手に対する気持ちが変わります。

　相手に対する気持ちが変わると、関係がスムーズになります。

　関係がスムーズな職場を想像してみてください。悪くなりようがないです。まず経営者のあなたから、やってみてください。

不安になった時

　経営をしていくうえで、不安になることも度々あるかと思います。

　不安になった時は、初心に立ち返ってください。

　どういう気持ちでその仕事を始めようと思ったのでしょうか？

　お客さまにどうなってほしくて、あなたがしているサービスや商品をお客さまに届けていますか？

　決めた理念があれば、その言葉に、その気持ちに戻ってください。

　気持ちを立て直して、不安な気持ちから抜けてください。気持ちをリセットして、今やるべきこと、そこにフォーカスしてください。

迷った時

　経営者は決断の連続です。
　自分の決断が会社の命運を左右することもあります。
　とても良い話だけど、グレーな部分もあるとか、こんな話が来たけど、進めていいものかとか。
　迷った時は、まず、道義的にどうかを考えてください。
　そして、未来を考えるのです。このサービス、商品はこれからの自分の会社にどうだろうかと。イメージをしてください。
　未来のイメージをしていただくと、取捨選択がやりやすくなります。決断がしやすいです。

経営者の３大悩み

　私が経営者のコーチ・コンサルティングをしている経験から気づいた、経営者の３大悩みはこれです。
　「数・人・自分」
　これしかない気がします。
　まず数は、売上とか、利益とか、支払いとか。
　次は人。
　部下がとか、新入社員がとか、人が辞めるとか、パワハラとか、派閥ができているとか。
　自分。
　これは自分の個人的な悩みです。ご家族のことが多いです。
　意外に、個人的な悩みのご相談をよく受けます。
　経営者は個人的な悩みはあまり言えないので、社外で安心して言える人を見つけてください。
　経営者は、常に決断、決断、決断。
　決断に迷う時もたくさんあるかと思います。

話を聞いてまとめて、ご自身で答えが出せるようにお手伝いをします。
　お悩みを聞かせていただいて、解決に向かって進めていきます。

〈プロフィール〉中原 由利子（なかはら ゆりこ）

Ancella代表、エグゼクティブコーチ、エネルギーアドバイザー
身体、植物、物からエネルギーが出ているのを見て、エネルギーの世界を知る。
心理療法に興味を持ち、セラピストとして開業、さらに、目標達成をサポートするコーチングスキルを習得。
延べ8,000人以上の人と関わった経験から、人財コンサルティングとコーチングを企業の経営者さまに提供している。

主な実績	[これまでの主な講演・研修テーマ] お金もエネルギー　インナーチャイルドとは [これまでの主なコンサルティング内容] 人財コンサルティング　場や人のエネルギーコンサルティング
対応エリア	全国
その他提供可能なサービス内容	心理療法を使ってのメンタルサポート
その他の参考情報	[所有資格] 一般社団法人マーケティングコーチ協会認定　エグゼクティブコーチ 感覚統合療法認定セラピスト [共著] 『もういやだ！　この疲れた心を休め、甦らせてくれる心の専門家50人』三楽舎プロダクション 『あなたの悩みの意味を教え運気を拓く35人part 2』三楽舎プロダクション
依頼者へメッセージ	あなたがあなたらしくいることを応援しています
連絡先	ホームページ　https://www.kaiunsupport.com SNS インスタグラム　liliengel メールアドレス　toiawase@kaiunsupport.com

6-11 信条・特徴・取り組み・モットーなど
経営分析と経営アドバイスに強い税理士

成功事例から学ぶ経営分析の大切さと赤字から黒字への転換のポイント

農田慎税理士・行政書士事務所代表／農田 慎

1つの改善からもっと良くなる会社はたくさんある

　私はこれまで、多くの会社の税務相談、経営相談に携わってきました。特に経営分析とそれをもとにした経営アドバイスを得意とする私から見て、ここを改善すれば赤字から黒字に転換でき、さらに成長できると思う会社はたくさんあります。

　例えば、ある建設会社の経営者は、年間十数億円の売上があるにもかかわらず、十分な利益が出ず、借入金も膨らんでいることに悩んでおられました。そこで私が経営分析したところ、現場ごとの「損益管理」が全くできていない状態だとわかりました。半期や年間で利益が出ていればいいという考え方だったわけですが、それでは経費の無駄や利益のムラが出やすくなってしまいます。それを工事の案件ごとに目標の粗利金額を設定して予算を組み、実績と、予算や目標の粗利との間で差が生じた場合は、その原因を明らかにすることを徹底してもらいました。すると、この損益管理を導入したとたん、年間で数億円の利益が出るようになったのです。キャッシュフローが改善して借金も減らすことができたと、経営者は大喜びでした。

　このように、1つを改善するだけでも大きな効果が上がる会社が実はたくさんあります。あなたの会社は、そんな"もったいない状態"に陥ってはいないでしょうか？

最小の取り組みで最大効果が上がる"急所"

　私のお客さまでもそうですが、最近はネット販売を事業にする会社が増えています。この業種では、仕入れ値と粗利が最も重要で、「粗利益率」の改善がポイントになります。要は、安く仕入れて高く売る、ということなのですが、言うほど簡単な話ではありません。大量に仕入れれば安くなりますが、そのぶん在庫を抱えるリスクが高まります。仕入れ費用もかさみ、資金繰りは悪化します。そのバランスに経営者は悩むことになります。

　こうした場合には「在庫回転日数」という指標を活用します。商品がどれくらいの日数で販売できているかを割り出し、それをもとに仕入れに明確な判断基準を設けるわけです。

　これにより、過剰在庫による損失と売り逃しによる利益の逸失が少なくなり、着実に利益が上がる体質になっていきます。資金繰りも改善し、次の一手も打ちやすくなります。

　介護関係なら、「労働分配率」が重要な指標になります。これは売上に占める人件費の割合ですが、労働集約型産業であるこの業界は、他の業界に比べて労働分配率が高くなるのが一般的です。単純に人件費を削って労働分配率を下げればいい、という話ではありません。損益分岐点を弾（はじ）いたうえで、目標の売上を設定し、その達成が難しいという場合には、人件費を含む経費の削減に取り組む形になります。

　飲食店であれば、「来客数×単価」が一番大事な数字になります。経営分析で、毎日これくらいの来客がないと赤字になる、というラインを提示したうえで、来店人数を増やす施策ができないか検討します。それだけでは改善が難しい場合は、単価アップも検討します。1,000円の定食を1,200円に値上げできないかと、メニューの中身についても話が及ぶこともあります。

　このように、業界や業種、あるいは個々の企業によって、"経営改善

の急所"は異なりますから、経営分析によってそれを見つけだし、最小の労力で最大の改善効果を狙うことが重要になります。また、数字を提示するだけではお客さまは動く意欲が湧きませんから、できる限り具体的に、行動レベルにまで落としてお伝えすることも大切だと考えています。

改善点と指標、そして「共に取り組む姿勢」

知らず知らずのうちに無駄が生じてしまい、それが積み重なることで経営を圧迫しているケースは決して珍しくありません。経費削減は、正しく実施すればすぐに大きな効果を発揮します。

その際に有効なのが「ABC分析」です。損益計算書の費用の項目を金額が大きい順に並び替え、上位80％の項目をA、上位80〜90％の項目をB、残りの10％をCに区分けします。このうち、Cに入るものは、数が多いわりに金額は大したことはありませんから、経費の削減対象にはせずに無視します。経費の大半を占めるのはA、Bに入る項目ですから、このなかに削減できるところがないかを徹底的に検証していきます。

経費の削減はやりやすいところから手を付けてしまいたくなるものですが、それは往々にしてCの項目に入るような金額の小さなもので、削減しても目ぼしい効果は得られません。そうではなく、より金額の大きい、削減効果の高い"急所"を見つけだしてそこを狙い撃ちすれば、より少ない労力で大きな削減効果が得られます。

これまで挙げたのは、経営改善のごく簡単な例ですが、このように、その会社の改善点を明確に提示するとともに、わかりやすい指標を示して、経営者と一緒になって取り組む姿勢で経営改善の伴走を行うことが重要だと私は考えています。

要所を押さえれば会社は成長軌道に乗る

税理士も人によってさまざまなタイプがありますが、決算手続きや税

第6章　事業や仕事の不安をなくす方法を伝える～経営者編～

金の算出、あるいは節税対策が中心で、経営分析をもとにした経営指導、経営コンサルティングまで手がけるケースは多くはないかもしれません。私は経営コンサルタントを志していた時期があり、MBAも取得しましたので、経営の改善提案こそ私のやるべき仕事だと思っています。また、お客さまからの要望の多い融資のご相談を無料で行い、日々知識のアップデートに励んでさまざまな資格を取得しているのも、「絶対に会社を守り、成長させる」という思いからです。

　私のお客さま方も、そうした私の話を真剣に受け止めて実践してくださるので、私の顧問先では、コロナ禍によるやむをえない廃業を除けば倒産した会社はありません。有り難いことに、ほぼ紹介だけで年間40社ほど新規のお客さまが増えており、顧客の増加率で地域No.1の税理士事務所になることができました。弊社では請求書をお届けする際に、他のお客さまから預かったチラシや案内を同封させていただいているのですが、その効果があってか、お客さま同士がつながり、一緒に新しいビジネスを始められるケースも増えています。

　私もさらにお客さま方の役に立つべく、弁護士、司法書士、行政書士、社会保険労務士、中小企業診断士、不動産鑑定士、1級建築士といった専門家たちと密に連携し、税務以外でも、あらゆるご相談にお応えできるネットワークをつくっています。これからもまだまだ進化していくつもりです。

　経営分析で会社の状態をしっかりと把握し、「ここだ」というキーポイントを改善すれば、会社は見違えるように元気になります。経営者も従業員の方々も笑顔になります。その喜びをもっと多くのお客さまたちと分かち合うことができれば嬉しいです。

〈プロフィール〉**農田 慎**(のうだ しん)

農田慎税理士・行政書士事務所代表
1975年千葉県生まれ。関東学院大学大学院経済学研究科経営学専攻博士前期課程修了。
大学時代に父の会社が倒産し、自宅も競売され極貧生活に。その経験を糧にMBAと税理士資格を取得。2005年、神奈川県横須賀市で創業。「絶対に会社を守り、成長させる」という信念で研鑽と顧客への提案に励み、地域No.1の顧客増加率の税理士事務所に成長させている。

主な実績	[これまでの主なコンサルティング内容] 2005年の創業以来、横須賀地域を中心に多くの企業の税務や経営指導を担当。顧問先は、建設業を中心に、介護、飲食、小売り、インターネット通販など幅広い。わかりやすい経営分析と顧客が実行しやすいアドバイスを心がけている。顧客の経営に役立とうと、日夜知識のアップデートに努めており、税理士以外の専門資格も多数保持。また弁護士をはじめとした士業のメンバーとネットワークをつくり、各専門家への相談もワンストップで対応できる態勢を整えている。
対応エリア	神奈川県・東京都全域　他　オンラインによる全国対応が可能
その他提供可能なサービス内容	税務会計業務、節税対策、顧問先の立場に立った税務調査立会、経営分析からの経営アドバイス、融資申請のお手伝い、給与計算、他士業連携による総合的な相談業務、改善提案、行政書士業務（特に建設業に特化）
その他の参考情報	[所有資格] 税理士/行政書士/MBA（経営学修士）/事業再生士補/１級ファイナンシャル・プランニング技能士/CFP®／宅地建物取引士／賃貸不動産経営管理士　その他多数の資格有 [著書] 『経営指導専門税理士が教える！ウィズコロナでも会社のお金を増やす秘訣』（セルバ出版）
依頼者へメッセージ	私は１つの改善に取り組むだけで、見違えるように良くなった会社も数多く見てきました。しかし、その改善点に気づかずに苦労している経営者の方も多いのです。税金のことだけでなく、その会社が良くなるように本気でアドバイスをする。それこそが私のやるべき仕事だと思っています。どうぞお気軽にご相談ください。
連絡先	ホームページ：http://nouda-kaikei.com SNS Facebook、インスタグラム、X メールアドレス：shin-nouda@tax-nouda.jp

6-12 信条・特徴・取り組み・モットーなど
組織の変容を支援するプロセスコンサルタント

人を活かし組織を活性化させる経営のコツ

インテリジェンスフィールド合同会社代表／福田祥司

現代の企業経営を取り巻く環境

現代の企業を取り巻く経営環境は非常に厳しく、VUCAの時代と言われてはや十数年が経ちました。日本では失われた30年に終止符を打つべく、日本企業の復活に向けた経産省のプロジェクト（座長：一橋大学伊藤邦雄教授）が進められ、「伊藤レポート」が報告されました。「ROE 8％」という言葉に反響が起きましたが、その本質は「人的資本経営」の実践だということでトレンドワードになっています。

このような状況において、弊社がコンサルティングの現場やセミナーでお伝えしている基本的な考え方を1つ、簡単にご紹介いたします。

企業経営を成功に導く3つのポイント

日本の企業が時代の変化に適応し、成果を上げるための3つのポイントを紹介します。これにはまず経営者の方々の考え方、意識改革が必要で、そのうえで会社全体（社員）、ステークホルダーを巻き込んで取り組むことになります。企業変革を実現し、成果を上げている企業は、次の3つのポイントを実践されているケースが非常に多いです。

1つめは、企業が目指すゴールを売上や利益ではなく、"理念の実現・実践にする"ということです。2つめは、持続的な"イノベーション実現への取り組み"です。組織機能、組織の文化として継続的にイノ

ベーションが生み出される構造をつくり上げ、実行するということです。3つめは、"組織に「集団の知恵を活かす対話」の習慣・文化を根付かせて実践すること"です。

企業経営成功の3要素

経営理念を実現する経営

　昨今、パーパス経営、理念経営という言葉がよく聞かれますが、これには企業が提供する価値の変化が影響しています。企業は経済合理性に基づく利益追求が目的ですが、近年企業の価値は売上、利益、株価といった経済的価値だけではなく、社会に対してどのような貢献ができ、どのような存在意義を実践しているかを重要視する傾向があります。企業が提供する社会的価値が経済的価値と同レベル、あるいはそれ以上に捉えられる傾向にあります。

　数値目標至上主義は大切なことですが、企業の目標の頂点に「理念の実現」「理念を実行し続けること」を置き、数値目標はその手前の通過目標であるという位置づけにすることがポイントです。人は数値より意義や意味に魅力を感じることが多いのです。

　社員の方々は多様な業務を複雑な環境で実施しなければならない状況にあり、さまざまな業務を同時並行で進め、評価・判断・チェックの目に晒されながら業務に当たっているように思います。やるべきことが多すぎるように感じます。その結果、残念ながら生産性の低下、過負荷、

主体性の損失、思考停止、モチベーション低下、メンタル面のダメージ、離職といった負のスパイラルも多く発生しています。"いったい自分は何に注力すればよいのか"がわかりにくいと感じる社員が多いと思います。マネジメントが複雑すぎることはマイナス面も多く存在するということです。

社員一人ひとりが純粋に理念の実現を目指し、シンプルに力を発揮する「方向性」や「使命」を持つことができれば、仕事の意義と意味を再確認し、自分が何者であるかがイメージでき、主体性を発揮するようになってきます。会社と自分が一体化し、帰属意識が生まれ、やるべきことが見え、創意工夫するようになります。やりたくない仕事を言い訳や他責の意識を持ったままやっていると、いきいきとした仕事ができず、生産性は上がりません。

そのためには、経営者が社員向けにシンプルでわかりやすい「会社の使命、ミッション、基本方針」を伝え、「何に注力すればよいか」を理解してもらう必要があります。松下電器（現・パナソニック）の創業者松下幸之助氏は「経営者は言葉を持たなくてはならない」とおっしゃいました。経営トップのメッセージは非常に重要です。最近、理念浸透の取り組みを実施される企業が増えています。浸透させるということは、社員が持つ力のベクトルをどこに向けたらよいのかを明確にし、納得してもらうことです。そのうえで、仕事や会社全体の評価の基準に「理念の実現度、実践度」「貢献度」を加えることが大切です。

持続的なイノベーションの探求

多くの企業の課題に「イノベーションの実現」があると思います。創造的破壊、0から1を生み出す、まだ誰も実現したことがないような発見など、イノベーションに対する難しいというイメージが影響しているのかもしれません。イノベーションとは、人が持つ豊かな思考、発想から生まれます。イノベーションを技術革新と表現することもあります

イノベーションとは

自由で豊かな思考の目的

Innovation
革新的であること

新たな枠組み・視点、新たな前提、新機軸、新結合、新たな切り口
過去や現状の延長線上にある、改善・改良とは明らかに異なる

▼

これまでにない製品、サービス、ビジネスモデル、
社会価値の提供を創出すること

Innovation の実現に最も大切なこと
1. パラダイム変換
2. 協働、共同創造
3. 継続的探求

シュンペーターのイノベーションの定義

「イノベーションは組み合わせ」
シュンペーター
・新しい製品の導入
・新しい生産方式の導入
・新しい市場の創造
・新しい原材料供給源の獲得
・新しい組織の実現

が、高度で複雑な技術開発だけでなく、身近なところから生まれるアイデアの組み合わせでもいいと考えることが重要です。

イノベーションは、多様性を活かしさまざまな組み合わせにより生まれると言われています。人々の多様な経験、専門領域、価値観、年齢、地域などあらゆる違いの相互理解であり、可能性を追い続けることで実現が可能になります。

世の中を変えるのは、「よそ者（異文化）、若者（柔軟な発想）、馬鹿者（既成概念に縛られない）」だという言葉があるように、枠にとらわれない思考・発想が大切です。そしてその行動や考え方を企業内部で推奨し、仕事の仕組みに取り入れることが必要です。「両利きの経営」の知の探索や「オープンイノベーション」で行われている社会や外部との協働的な取り組みも重要です。最近、産学官一体のコンソーシアムの活動が盛んですが、それもイノベーション創出活動の一環だと思います。

対話型組織の実現

　個人が担当する仕事に創意工夫を行い、イノベーション創出に向かって取り組み続けるうえで欠かせないことは、「対話（ダイアログ）」です。対話とは人により異なる意見や考え方、前提となる情報を理解し合う行為で、集団の知恵を活かすことができます。立場や利害にこだわり、主張をぶつけ合う「議論（ディスカッション）」はパワーゲームになりがちですが、「対話」は相手を否定ではなく尊重し、拒絶ではなく受け入れることで新しいアイデアや気づきが生まれやすくなります。

　経営者のなかには、「対話」がどういうものであるか理解できていない方も存在します。正しいか正しくないかではなく、その場で「新たに何が生みだされたか」が重要です。他者理解とはお互いの心の内側を言葉にしてわかり合うことです。このような心理プロセスを伝え合うことができる組織は、個人が持つ能力を存分に発揮し、協働的な取り組みにより発展的な成果が生まれやすくなります。

　対等な関係でお互いの理解を深める"場"が、潜在化している個々人の能力やアイデアを顕在化させます。対話の習慣、文化、風土づくりは重要な取り組みです。まずは「対話」とは何かの理解からスタートです。

〈プロフィール〉**福田 祥司**(ふくだ しょうじ)

インテリジェンスフィールド合同会社代表
1962年福井県出身。NEC、三菱ケミカルグループにてプロジェクトマネジャーとして各種プロジェクトを担当。事業部門責任者として組織改革、人材育成に注力。独立後は「人と組織の成長・発展に貢献すること」を軸に研修、講演を展開。日本経営品質賞審査員など経て、企業経営の本質に切り込む支援を実施。

主な実績	[これまでの主な講演・研修テーマ] 〈講演〉理想の経営組織と経営者の在り方、経営がリードする働き方改革他 〈研修〉取締役養成講座、経営道研修、人間力強化研修、リーダーシップ研修、部長・課長研修、プロジェクトマネジメント研修、リーダーシップ研修、デザイン思考・システム思考研修他 コンセプチュアルスキル、ビジネススキル、ヒューマンスキル研修 [これまでの主なコンサルティング内容] 経営理念・経営ビジョン策定、中期経営計画策定、組織風土改革、プロジェクト支援(PMO)、人事制度・教育体系整備
対応エリア	全国
その他提供可能なサービス内容	エグゼクティブコーチング 人材アセスメント(DiSC、PX-T、360度フィードバック)
その他の参考情報	[所有資格] 高度情報処理プロジェクトマネジャー、ITストラテジスト、ITコーディネーター、PMP、経営品質協議会認定セルフアセッサー、PHP研究所上級ビジネスコーチ、PHP研究所チームコーチ
依頼者へメッセージ	経営・事業や組織に関する課題、お悩みに対応いたします。また経験豊富な一流のコンサルタントが所属しております。お気軽にお問い合わせください。
連絡先	ホームページ https://ifcoach.co.jp/ SNS https://www.facebook.com/profile.php?id=100063585702940 メールアドレス shoji.fukuda.mr@ifcoach.co.jp

6-13 信条・特徴・取り組み・モットーなど

建設技術コンサルタント

建設業経営者は社員の安心安全を守るために何をすべきか

ハタコンサルタント株式会社 専務取締役／三浦規義

　建設業の経営者として、社員の安心安全を守ることは極めて重要です。元法政大学教授の坂本光司さんは、「経営者には5人に対する使命と責任がある」と言っています。その5人とは、優先順位順に、「社員とその家族」「社外社員とその家族」「顧客」「地域社会」そして最後に「株主・出資者」です。

　建設会社ではこのうち、「社外社員とその家族」つまり「協力会社社員とその家族」に対する使命と責任が非常に重要です。建設工事は、一社のみで完結することはほとんどなく、多くの場合、協力会社と共に施工する必要があります。その際、工事に関わる全ての会社が利益を出してこそ、そのプロジェクトが成功したと言えます。そのことで、協力会社の社員とその家族が幸せになるからです。協力会社が儲かっていると、工事現場で笑顔で働くことができるでしょうし、多少の無理を聞いてもらうこともできます。その結果、社員の安心安全を守ることができるのです。

　ここでは、協力会社社員が笑顔で働く現場をつくる方法について解説します。

協力会社の資源把握

　協力会社の技術資源と技能資源を正確に評価し、それをもとに緻密な

データベースを構築することが求められます。どの協力会社にどんな技能を持っている人が何人いるのか、どのような建設機械を何台持っているのか、さらには経営力、資金力を把握する必要があります。そのことで、適切なタイミングで適切な工事を発注できます。

　また、協力会社満足度アンケートを定期的に実施することも重要です。顧客満足度アンケートや従業員満足度アンケートを実施している会社は多いでしょうが、協力会社満足度アンケートを実施している会社はまだ少数です。ある建設会社がアンケートを実施したところ、協力会社が最も不満に感じていたことは、見積もり依頼が多いわりには、工事の発注が少ないということでした。また工事量が多く、とても受注できない状況であっても見積もりを作成しなければならないという不満でした。そこでこの建設会社では、工事を受注した直後に協力会社に一斉に連絡をして、見積もり作成の希望調査を行うことにしました。そのことで、本当に施工したい協力会社にのみ見積もり作成をしてもらうことができ、満足度が向上しました。

協力会社との協力関係と利益管理

　従来の方法では協力会社が利益を出せない原因として、工程管理の不備が挙げられます。例えば、協力会社が、元請責任者からの工程管理不備により、無駄な人件費を消耗するケースがあります。これを改善するためには、「協力会社の利益を踏まえた工程管理」が不可欠です。これにより、コストが縮減され、協力会社との関係性が良くなり工事がスムーズに進むようになります。

　以下、事例を挙げます。
　元請会社が工事を受注し、協力会社に工事を発注する際のことです。
　X会社のA責任者が、ある下請けに「1,000万円でやっていただきたい」と声をかけたところ、その下請けは快諾しました。しかし、Y会社

のB責任者が同じ工事に対し「1,500万円でお願いします」と要請しても、承諾する下請けは見当たりませんでした。

　どうしてA責任者とB責任者でこのような違いが生じるのでしょうか。それは、これまでのA責任者の管理実績によるものです。A責任者は、現場ごとに協力会社の利益管理を行っているため、協力会社を赤字にさせたことがなく、安い請負金額であっても協力会社はA責任者の仕事なら引き受けるのです。

　一方、B責任者の場合は、たとえ高い金額で受注しても、いつも段取りが悪く採算が悪化します。

「明日から現場に入ってもらう予定だったけれど、前工程が遅れているので3日遅らせてほしい」

「来週月曜日から着工予定だったけれど、2日早く来てほしい」

「職人3人に来てもらう予定でしたが、明日から5人に増やしてもらえませんか」

　このような状況が毎日のように続くので、進捗状況の確認のために頻繁に現場を訪問する必要があり、結局赤字工事となってしまうのです。

　A責任者は、自社の都合だけではなく協力会社が利益を上げることを念頭に置き、工程管理を行っているのです。前工程が決して遅れないようにし、仮に工程が進んでいても後工程の入工日を変更しません。また作業者数を増やさなくてよいように、自動化、機械化、ICT化などの工期短縮策を実施しています。このような工程管理がなされていれば、たとえ安い請負金額でも利益を上げることができます。だからこそ、少々の無理を言っても、協力会社はそれを聞いてくれるのです。

　協力会社の利益管理を実践することは、ただ協力会社に多くのお金を支払うということではありません。各工程の進行を細かく管理し、無駄なコストを削減することで、全体の利益を高めることが可能なのです。

協力会社のリスク管理

　次に、協力会社の安全管理とリスク管理を徹底することが重要です。
　安全管理は、形式的な管理から実質的な管理への転換を図る必要があります。
　多くの現場では、表面的な安全管理にとどまっています。どこの現場でも「安全第一」という垂れ幕を掲げていますが、垂れ幕の向こうで作業員がフルハーネス型墜落防止用器具を着用していない現場をよく見かけます。
　そこで、「実質的な管理」に切り替える必要があります。そのために、第一段階として「危険データ（ヒヤリハット）」の収集を行います。通常、作業者はヒヤリハット情報（事故には及んでいないけれどヒヤッとしたりハッとしたりする事象）を出したがらず、隠そうとするものです。しかし、ヒヤリハット情報を提出したものには報奨金を支払うなどの「アメ」を用意してでも、たくさんのデータを集める必要があります。
　第二段階は、それをベースに安全マニュアルを作成します。1つの作業ごとに危険な状態を明示し、それを工種ごとにまとめます。それを危機予防システムに向上させます。そのことで、事故を予防でき、スムーズな現場運営が可能となります。
　労働安全以外で、現場で起きがちなリスクは「ハラスメント」「金銭トラブル」「情報漏洩」です。
　「ハラスメント」に関しては、建設業では上意下達の風潮が強く残っているため元請から下請に対する「パワハラ」に注意が必要ですし、昨今の女性進出に対して「セクハラ」の知識も必要です。現場に関わる方々にハラスメントの知識を十分に教育する必要があるでしょう。
　「金銭トラブル」に関して、建設業で起きがちなのは「キックバック」「原価付け替え」です。元請から下請に支払った金額を現金で戻すことを要求する「キックバック」、ある現場の原価を別の現場の原価に付け

替える「原価付け替え」、これらはいずれも法違反です。協力会社担当者が元請から要求されても、厳格に拒否する必要があります。

「情報漏洩」は主として、現場の状況や図面をSNS等にアップすることが問題となっています。工事の内容は多くの場合、施主の守秘対象となっていますので、漏洩されることで多額の慰謝料が必要となることがあるので要注意です。

これら安全管理、リスク管理を徹底することで、安全安心な職場を構築できます。

協力会社の人事管理

経営者の重要な役割として、社員の採用や定着率を高めることがあります。一方、昨今の少子高齢化のためなかなか採用できず、また転職熱の高まりによって、せっかく入社しても3割近い人が退社しています。

協力会社の人手不足は、元請会社の生産力低下、技術力低下に直結します。そのため、元請会社が協力会社の採用・定着率向上支援を強化する必要があります。

例えば次のような事例があります。

・協力会社の採用を支援するため、元請会社の名前で会社説明会を開催する。
・協力会社社員の定着率を向上させるため、協力会社の社員教育を元請主導で実施する。

また、後継経営者不足のため、廃業する協力会社が増えてきています。それを防止するために、元請会社が協力会社の経営支援する事例も出てきています。

・幹部社員に経営者教育を実施して、後継経営者として育成する

・どうしても後継経営者が見当たらない協力会社に対しては、M&A支援をする

　協力会社の経営不安は、元請会社の経営不安に直結します。より強力に協力会社を支援することで、安心安全を増すことができます。

結びとして
　建設業の経営者として、社員の安全を確保することは、事業の成功に直結します。経営資源管理、利益管理、安全・リスク管理、人事管理を通じて、安心安全な職場環境を構築できます。これらの取り組みを、社員だけでなく、関連する全てのステークホルダーに提供することが、建設業の経営者の責任です。

第6章 事業や仕事の不安をなくす方法を伝える～経営者編～

〈プロフィール〉**三浦 規義**（みうら のりよし）

ハタコンサルタント株式会社 専務取締役
1960年愛知県生まれ。
1983年4月清水建設株式会社入社。
1998年3月同社退職（両親病気看病のため名古屋に帰郷）。
1999年12月ハタコンサルタント株式会社創業メンバーとして参画立ち上げ。
清水建設入社後、多数の建築現場施工管理に従事。
ハタコンサルタントは実践的な新人若手育成支援において、中小建設会社幹部からの信頼が厚い。

主な実績	［これまでの主な講演・研修テーマ］ 原価管理研修、労働安全衛生研修、建設業法研修、下請法研修、CPDS研修、若手技術者研修、新入社員研修、建設技術者研修、企業内研修 ［これまでの主なコンサルティング内容］ 業績アップコンサルティング、建設技術向上支援コンサルティング、BCP構築支援コンサルティング、品質・工程・原価管理向上コンサルティング、品質・環境・労働安全衛生管理システム構築支援コンサルティング、海外（中国 広東省佛山市、山東省煙台市、吉林省）品質管理コンサルティング
対応エリア	日本全国
その他提供可能なサービス内容	新入社員、若手技術者育成
その他の参考情報	［所有資格］ １級建築士／三重県産業支援センター専門アドバイザー／一級建築施工管理技士／NPO法人建設経営者倶楽部KKC理事／JRCA品質審査員／ISO推進フォーラム理事長／CEAR環境審査員／OHSAS18001審査員／ISO45001講師／建築知識能力検定１級／職長・安全衛生責任者教育講師養成講座修了／石綿作業主任者／石綿含有建材調査者 ［著書］ 『建築工事施工管理の極意』日刊建設通信新聞社
依頼者へメッセージ	机上の理論だけでなく実践可能な研修をモットーに活動しています。また、建設業に特化したコンサルタントが多数所属しております。何なりとお問い合わせください。
連絡先	ホームページ：https://hata-web.com/ メールアドレス：miura@hata-web.com

第7章

地域社会や組織を元気にする秘訣を伝える

　現代社会は、少子高齢化やグローバル化が進むなかで、地域社会や組織（企業・団体など）は、人口減少、産業構造の変化、価値観の多様化など、さまざまな課題に直面しています。
　そこで本章では、4名の講演講師・コンサルタントのそれぞれの切り口から、地域社会や組織を元気にする秘訣や考え方をお伝えします。
　本章の内容をテーマにした講演・研修・セミナーを実施することにより、参加者一人ひとりの意識改革と行動変容を促すことで、所属する企業や団体などの組織全体の活性化やひいては地域経済の活性化につながります。

7-1 信条・特徴・取り組み・モットーなど
幸せな経営・人づくりコンサルタント

社員とゴールを重ね合わせ、中小企業を元気にする！

株式会社エニシードコンサルティング 代表取締役／荻須清司

人生が豊かになる職場づくり

　中小企業と大企業の間には、人材力、資金力、技術力、ブランド力、収益力など多くの格差が存在していますが、社員規模による顕著な格差があるのは、人材の定着率と採用の困難度です。

　これら格差の大きな背景の1つが、我が国の人口減少です。特に、日本の生産年齢（15～64歳）人口は1995年をピークに減少の一途をたどり、年を追うごとに人材の奪い合いが加速しています。

　こういった環境下で、これからの中小企業の生き残りを考えてみると、少なくとも大企業と同じ土俵では戦えないことは明白です。

　では、その土俵は何かということですが、それは、大企業が決してまねできない「仕事で人生が豊かになる職場づくり」をしていくことです。人生が豊かになるというのは、仕事を通じて成長し、その成長をもとに人の役に立っている実感を持つこと、自分が周りから必要とされている実感を持つ働き方を仕組み化することです。

　これからの中小企業の社員定着率と採用の困難度を改善する対策として、「賃金は大企業より少ないけれど、自分はこの会社でもっと成長したい、もっと人の役に立っていきたい」と社員の皆が心からそう思える職場をつくっていくことが必要になるのです。

会社のゴールと社員のゴールを重ね合わせる

ところで、皆さんの会社の存在意義は何でしょうか。

よく、会社の存在意義は「利益の追求」などと言われることが多いですが、「利益」は、あくまでも会社が社会の役に立ち続けるための継続条件にすぎないのです。経営の神様と言われたP.F.ドラッカーも著書『現代の経営 [上]』で同じことを述べています。

ほとんどの中小企業では、自社の存在意義（ゴール）や社員の仕事の意義（ゴール）をハッキリ示すことができていません。これら存在意義や仕事の意義は、今では「パーパス」などと呼ばれることも多いです。

定着率が抜群のある中小企業（製造業）で明言されている、「会社と社員の存在意義」を一例としてご紹介します。

「当社の存在意義は、一人でも多くのお客さまから自社の製品・サービスを必要としていただき、世の中のお役に立ち続けていくことです。そして直接のお客さま、その先のお客さまも幸せにしていくことです。また、当社で働く社員の皆さんも同じです。仕事をするということは、お金を稼ぐだけでなく、社員の皆さんが仕事を通じて成長し、人の役に立っているという実感を持ち、自分自身の心を豊かにしていくことなのです」

皆さん、どう感じられたでしょうか。会社のゴールと社員のゴールが重ね合わされていますね。この会社で「社員が頑張れる理由」がおわかりいただけたと思います。

しかし、現実には、こういったゴールの重ね合わせをせず、売上目標や生産目標だけを大きく掲げている会社も多いと思います。そのような会社では、社員の間にはお金のためだけに働く意識が台頭し、会社との心の距離間ができてしまうのです。そうして社員は成長する前に会社を

去っていくことになるのです。

心の充実を重ねて人生が豊かになることを感じる

　ところで、経営者や経営幹部の方々は、苦労を伴って成長することの大切さを若手社員にうまく説明できるでしょうか。

　現在の日本は、働き方改革で労働時間が短くなり、仕事とプライベートとのバランスが求められる時代になりました。それゆえ、若手社員が残業して長時間労働で成長していくことはできなくなったわけです。

　その反動からか、エスカレーターのように自動的に自分を成長させてくれる会社を望む若手社員も多くなっているのです。上司側も辞められたら困るということで、若手にはあまり苦労を伴わせないように仕事をさせているという声も聞こえてきます。

　しかし、苦労を伴っていない見せかけの成長の先には、いつまで経っても人の役に立つ実感が持てない現実が待っています。結局は、それで若手社員が会社を去っていくことも多いのではないかと思います。

　実は、自分の成長の先にある「人の役に立っているという心の充実感」は、その成長そのものが苦労を伴う成長であればあるほど増すのです。仕事を通じて心の充実を重ねていき、人生が豊かになることを感じてほしいのです。

部下の育成、教えることを高く評価する

　若手社員が自分に与えられた仕事を一生懸命行うことは、とても大切なことです。しかし、プレーヤーとしての一般職層を卒業し、中堅職層以上になってくると、一番大切な仕事が変わってくるはずです。

　それは、部下を育成することに他なりません。残念ながら中小企業には不得意なことですが、次世代の部下が成長しなければ、会社としての事業継続ができなくなってしまいます。そのために、企業として、ビジネス環境の変化に適応しつつ、優れたスキル・マインドを次世代へ承継

していく使命を果たすべく、部下の育成を仕組み化していく必要があるのです。

また、同僚の社員同士でも同じことが言えます。優秀な社員が周りの社員に優れた仕事のやり方、優れたスキルを教え、共有していくことが、会社全体の力を底上げし、事業の継続性を向上させるのです。

そのためには、教えることで損をしないどころか、教えることが最高の評価になる評価制度をつくっていく必要があるのです。

心が上向く評価のフィードバックを！

生産年齢人口の減少を背景に、人材の奪い合いが加速していくなか、どうやって目の前の社員を定着・成長させていくのか、中小企業こそ真剣に考えていかなくてはなりません。

その解決のベースは、「会社のゴールと社員のゴールを重ね合わせること」に他なりません。そのためには、この会社でもっと成長したい、この会社で人の役に立ちたい、と思えるような社員の成長を支援する評価制度と評価のフィードバックがどうしても必要になります。単に評価点数だけをフィードバックしても、せいぜい優秀な上位2割の社員に効果があるだけで、残りの社員にはなかなか届きません。

仕組みとして、上司が部下に対して成長実感と貢献実感を与え、もっと成長したい！　と思える評価のフィードバックを少なくとも3カ月に1回は実施することが必要です。

また、その大前提として「部下の成長は、上司次第！」という大義を全ての幹部に理解してもらう必要があります。

最後になりますが、会社というところは、役職の上下に関係なく、人と人が縁あって同じ職場に集まった組織です。上司も部下も成長し、職場の皆が互いに感謝し合える心豊かな温かい職場をつくっていってほしいと願っています。「社員とゴールを重ね合わせて！」

〈プロフィール〉荻須 清司（おぎす きよし）

株式会社エニシードコンサルティング 代表取締役
名古屋ワークスマネジメントオフィス代表
名古屋商科大学大学院マネジメント研究科客員教授
1963年愛知県名古屋市生まれ。東証一部住宅設備機器メーカーなどで、営業、人事、財務、法務、経営企画等の責任者を歴任。M&A、株式店頭公開業務にも携わり2005年に独立。専門分野は、経営・人事コンサルティング、人材育成研修等。法人の経営改善・人事制度支援は約1,200社を誇る。

主な実績	[これまでの主な講演・研修テーマ] 経済産業省職員向けの中小企業政策から中小企業の経営幹部向けのリーダーシップ、マーケティング、人材育成、労務管理などのテーマで、行政機関、大学、金融機関、民間企業などへ19年間で延べ2,097日、集合研修を含め約5,600社の実績です。 [これまでの主なコンサルティング内容] 主に中堅・中小企業への人事コンサルティングで個別支援548社の実績です。
対応エリア	北海道から九州、沖縄まで顧問先があり、全国対応可能です。
その他提供可能なサービス内容	経営改善・人事制度構築・労務管理・新事業創出支援
その他の参考情報	[所有資格] 中小企業診断士、特定社会保険労務士、行政書士、キャリアコンサルタント、日本キャリア開発協会CDA、米国NLP協会NLPマスタープラクティショナー、第一種衛生管理者資格等 [著書] 『間違いだらけの人事制度』（ギャラクシーブックス） Amazon「企業経営」部門で1位獲得（2017年10月） 『企業診断（創業支援・開業・許認可手続きガイド）』（同友館） 「新規開業の手続きと実務」（名古屋市新事業支援センター）ほか、寄稿多数。
依頼者へメッセージ	研修・講演・コンサルティングにおいては、主催者のニーズ、企業の課題を正確に理解し、オーダーメイドでつくり上げます。幹部教育、人事制度研修などではリピート率9割以上を誇ります。
連絡先	ホームページ https://www.nagoya-wm.com/ メールアドレス eniseed@qc.commufa.jp

7-2 信条・特徴・取り組み・モットーなど
"いきいき"組織づくりを支援する

「自社ファン度」の向上による"いきいき"組織づくり

株式会社タンタビーバ 代表取締役／門脇俊仁

人とビジネスのいきいきをデザインする

　私たちタンタビーバは、「人とビジネスのいきいきをデザインする」をミッションに掲げ、企業のインターナル・ブランディングやコミュニケーションのデザイン・支援をしています。

　社員一人ひとりが、「自社の熱狂的なファン」であってほしいという願いの下、社員一人ひとりが笑顔に溢れ、働く誇り、喜びや活力がお客さまや社会に広がっていく、"いきいき"とした組織をデザインしていくことを目指しています。

「自社ファン度」という新しいモノサシ

　弊社では、社員の自社大好き度合いを「自社ファン度」と呼んでいます。2020年10月には法政大学大学院・石山恒貴（のぶたか）教授の監修の下、「自社への"ファン度合い"に関する1,000人調査」を実施しました。その結果、「自分の会社が好き」な人の割合は一般社員で3割以下であることが判明しました。また、「自社ファン度」の高い社員の具体像も明らかになりました。

　この調査を踏まえて、弊社では社員の「自社ファン度」という指標を用いて組織の活性化・健全化を図るための組織サーベイ『Fangrow（ファングロー）』を開発しました。

「自社ファン度」を見える化・数値化することで、組織の健全性を客観的にモニタリングすることができます。「自社ファン度」の高い組織（自社大好き社員が多い組織）は、①高いエンゲージメント（会社と社員の強い絆）、②健全な職場風土（一体感・助け合いが生まれやすい）、③高いモチベーションに基づく高パフォーマンス、④ポジティブな振る舞い・発信が周囲にもたらす好影響などを期待できます。

また、「自社ファン度」は柔らかく、ポジティブなイメージの指標であることから、一般的な組織サーベイと比較して、従業員も前向きに回答できるという評価を導入企業から得ています。

『Fangrow』が目指すのは、「自社ファン度」を起点にして、社員・職場・顧客が笑顔になることです。笑顔で働く「自社大好き」社員の活力が職場の仲間、顧客へ広がり、それが会社の魅力を向上させ、さらに社員の「自社ファン度」を高める、という好循環の形成です。

「自社ファン度」を起点に社員・職場・顧客を笑顔に！

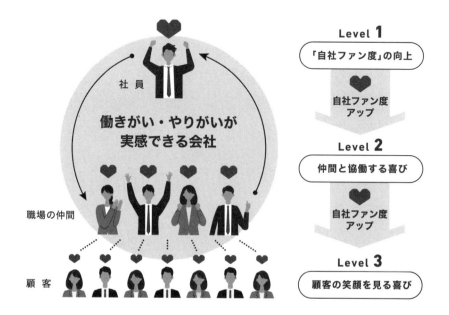

組織サーベイ『Fangrow』を用いた組織活性化の流れ

『Fangrow』では、社員の「自社ファン度」の数値化に加えて、「自社ファン度」を構成する以下の10項目を数値化します。

（個別診断項目）
①経営理念の浸透　②経営理念の明文化　③成長と多様性の尊重
④仕事における成長とキャリア　⑤相互に理解され尊重される文化
⑥部門間連携　⑦助け合いと協力の文化　⑧他者尊重と自己開示
⑨ワークエンゲージメント　⑩幸福感

診断結果は、全社診断に加えて、部署別・役職別・性別・年代別・勤続年数別といった属性別比較も見える化できます。こうしたアウトプットにより、「自社ファン度」向上への課題を明らかにします。

『Fangrow』を用いた組織活性化の流れは、下記のようになります。

1．組織サーベイの実施

『Fangrow』を実施します。サーベイはWeb上で実施し、従業員はパソコン、スマートフォンから無記名で回答できます。そのため、会社に忖度(そんたく)しない回答を得やすくなっています。

2．診断結果の評価

「自社ファン度」の高低のみならず、個別診断項目および属性別比較から、自社組織の課題を抽出できます。

3．組織活性化の方策

お客さまとの対話を重視しながら、伴走型で課題解決を支援します。プロジェクトの設計・運営支援、研修・ワークショップの実施、ファシリテーターの育成支援、動画・冊子等のツール作成など幅広くサポートします。また、テーマに応じた専門家とプロジェクトを編成する人的ネットワークを有しています。

組織活性化の事例〜経営理念の見直しによる活性化

　A社(従業員数約80名)の社長は、赤字決算が続く現状に危機感を抱くと同時に、社員が現状をどう感じているのか知りたいと思っていました。そこで社員の考えや自社の課題を把握するために、組織サーベイ『Fangrow』を実施しました。

　その診断結果から、「自社ファン度は低いが、会社が良くなってほしいという社員の思いは高い」「経営理念の浸透度が低い」「部門間連携があまりない」「ワークエンゲージメントが低い」ことが明らかになりました。これを踏まえて、社長は「会社を良くするためには、社員と一緒に目指す方向を明らかにすることが重要」と考え、経営理念の見直しを決断しました。

　そこで弊社では以下の方策を提案し、その実施を支援しました。

1. 理念策定のワークショップ開催

　「『理想の会社』」を語り合う会」と称して、社員が会社の現状や将来イメージについて対話する場を設け、社員が望む会社の将来の姿を明らかにすると同時に、会社が抱える課題に対する社員の当事者意識を高めました。

2. 社長による社員への個別面談

　社員の本音を社長に伝える場を設けました。社長が社員の声に耳を傾ける姿勢が見せたことで、思っていた以上に社員の意見を聴き出すことができたようです。

　1、2の結果、現状の課題に対する共通認識が促進され、社員からの要望を施策に反映させることで経営層と社員の距離が近くなりました。

　このように、A社は経営理念の見直しの突破口に、組織活性化を図りました。経営理念の制定・見直し・浸透は、弊社の得意分野でもあり、数多くの支援実績があります。『Fangrow』を活用すれば、経営理念の浸透の現状も詳細に把握することができます。

〈プロフィール〉**門脇 俊仁**（かどわき としひと）

株式会社タンタビーバ 代表取締役
産業能率大学大学院経営情報学研究科2002年卒業。マーケティング会社にて、企業の歴史、強み、社員の体験等の無形資産を活かしたマーケティング業務の支援を経て、2015年に株式会社タンタビーバを起業。独自の自社ファン度による組織診断を基軸とした組織の活性化によるエンゲージメント向上の支援等、インターナル・ブランディング業務を提供。

主な実績	社員一人ひとりが「自社の熱狂的なファンである」こと。私たちタンタビーバが目指すインターナル・ブランディングは、社員一人ひとりが笑顔に溢れ、働く誇り、喜びや活力がお客さまや社会に広がっていく、そんないきいきとした組織をデザインしていくことです。具体的には以下の業務を提供しています。 1）組織サーベイ『Fangrow』を用いた組織診断を軸としたワークショップによる理念策定・浸透、中期計画の浸透等。 2）次世代リーダー育成プログラムの設計、研修の企画・運営。人事制度コンサルティング、評価者研修の実施。 3）社員や地域とのエンゲージメント強化を目的としたファミリーイベント・周年イベントの企画・運営。 顧客先業種：金融、自動車部品製造、ヘルスケア、SIer、運送、専門商社、食品製造等
対応エリア	日本全国
その他提供可能なサービス内容	上記実績に記載
その他の参考情報	［所有資格］ PHP研究所認定チームコーチ、ビジネスコーチ 青山学院大学履修証明プログラム認定ワークショップデザイナー ［著書］ 『あなたが出逢いたいコーチにきっと出逢える！ コーチ52選』（共著）PHPエディターズ・グループ
依頼者へメッセージ	寄り添うカタチで、お客さまの自走をゴールとしてサービスを提供しています。
連絡先	ホームページ https://tantaviva.com/ 連絡先 https://tantaviva.com/contact/

7-3 信条・特徴・取り組み・モットーなど
旅と人生を楽しむデザイナー

地域社会や組織を元気にする「知られる力」

クラブツーリズム株式会社テーマ旅行部 顧問
一般社団法人日本遺産普及協会 代表監事／黒田尚嗣

地域を活性化させるには「知名度」が必要

　私は三重県伊賀市にある松尾芭蕉の生家の向かいで生まれ、隣町の名張市黒田荘（「黒田の悪党」で有名な東大寺の荘園）という「伊賀流忍者発祥の地」で育ったことから、芭蕉（芭蕉の母は伊賀流忍者百地家の娘）の生き様に憧れて、自らを「平成芭蕉」と称し、今日まで旅を住処とする旅行業に携わってきました。

　また、祖先が伊賀流忍者ということもあり、忍術伝書『萬川集海』から「見分の事」などの情報収集術と人間心理学を学び、目に見えない旅行商品を販売するためのマーケティングを極める努力もしてきました。

　忍者は正体が知られてはいけませんが、今日のネット社会におけるマーケティングにおいては、有益な情報収集術に加えて「知られる力」、すなわち影響力の源となる「知名度」が必要です。

　しかし、「知名度を得る」というのは、有名になることと同意ではありません。「知名度を得る」とは、目標を達成するのに必要な名声と支持者（顧客・読者・聴衆・視聴者などのメッセージの受け手）を手に入れることです。

　地域を活性化させるためには、外から人を迎え入れて、地域の魅力を

伝え、同時に地域住民のプライド育成が大切ですが、そのためにはまず、地域の「知名度」を上げる必要があるのです。

「人と会う」ことが組織を元気にする原動力

「地方の時代」という言葉もありますが、一部の観光地を除けば、多くの地方都市は、世界はおろか国内においてもさほど知名度は高くありません。しかし、ひとたびインフルエンサーによって知名度が上がれば、たちまち訪問客は増えて、他地域に対して優位に立つことができます。

この知名度を手に入れるのに必要なのは、「目立つ地域イメージ」を創成することでもなければ、地域のHPに多くの「フォロワー」を獲得することでもありません。

知名度を得るには、すでに知られている人に真のメッセージ（地域が伝えたい伝統・文化など）を受け止めてもらい、さらにそれを増幅してもらう必要があるのです。

例えば今日の「みちのく観光」は、松尾芭蕉の紀行文『おくのほそ道』の恩恵を多く受けていますが、それはみちのくの各地で詠まれた芭蕉の名句が、今日の私たちに地域のメッセージを伝えると同時にその土地の魅力を増幅してくれているからです。

「可愛い子には旅をさせよ」という言葉があるように、人生を豊かにするには、出会いを求めて大いに旅に出るべきなのです。すなわち、「人と会う」ことは、地域の人だけでなく組織を元気にする原動力なのです。

「おくのほそ道」を旅した松尾芭蕉と筆者（尿前の関）

顧客を獲得するための「知られる力」

　地域社会や組織が活性化するには、やはり人と人との出会いと交流が必要不可欠です。そして学ぶべきは「人は皆違う」ということで、地元の人が気づかない地域の魅力は、他者が発見してくれることが多いという事実です。

　そこで大切なことは、顧客を獲得するための「知られる力」ですが、これは地域住民のコミュニケーション力にかかっています。

　そのコミュニケーションのコツは、一言で言えば、人に対して「誠実な関心」を寄せることですが、具体的には「どんな時にも、どんな相手に対しても誠心誠意、おもてなしの心で全力を尽くすこと、さらに次回の再会時、もっと喜ばれる話ができるように研鑽を積んで、自分を成長させておくこと」です。

　そして「お客さまの心のなかに再訪を望む強い欲求を起こさせること」ができれば、支持を得ることができます。

　では、「誠実な関心」を寄せるにはどうすればよいかと言えば、まずは相手をよく観察して「きき上手」になることです。

　私が心がけている心得五原則は、次の５つの「みる」と５つの「きく」です。

・みる【見る、観る、視る、診る、看る】
・きく【聞く、聴く、訊く（質問）、利く（役に立つ）、効く（影響を与える）】

　旅行業に限らず、全てのビジネスのマーケティング極意は、お客さまの心（感情）のトリガーを引くことが大切で、いかに優れた旅行商品でも、魚のいないところに釣り糸を垂らすようでは、集客できないのです。顧客を獲得するための「知られる力」とは、言い換えれば「市場の求めるものに焦点を合わせる力」です。

人との共感こそが「楽しい想い出」として残る

　ある地域が何かで知名度を得る、その「何か」とは何か？　それはその地域特有のハードまたはソフト（名所旧跡・伝統文化・郷土料理など）だけでなく、その土地で出会った人との「共感」から創成される物語（ストーリー）です。

　それゆえに地域住民とのコミュニケーションが大切で、この触れ合い体験こそが来訪者にとって「楽しい想い出」として残るのです。記念写真も自撮りではなく、訪れた土地の人に撮ってもらえば、自身の「思い出」が旅の「想い出」にもなるのです。

　「思い出」は自分の関心のある分野（フィールド）の記憶が中心ですが、「想い出」には相手があり、その相手から何かしら「おもてなし」を受けて残る記憶が「楽しい想い出」なのです。

　私にとって旅することは、一度限りの人生を最大限に楽しむための創造活動なのですが、人生を楽しむために必要な「心のときめき」は、旅において人との共感から生まれる「楽しい想い出」を通してのみ得られるのです。

地域ブランドの次元を上げて経済的安定を得る

　経済的安定を得るための儲かる仕組みをつくるためには、まずは「知られる力」を磨きつつ、地域誘客に関わる人を最大化する、外部の人とのつながりをつくる、地域住民の冷めた心に火を灯す、そして観光客に「楽しい」という感覚を伝える努力を継続することが大切です。また、観光客に消費活動を促すためのアイデアや営業活動を通じて自分の力で稼いでいるという地域住民のプライド育成も重要です。

　ところで「観光」という言葉は、今から約3,500年前の中国周時代の古典『易経』にあり、これは占いの指南書でした。その一節に「国の光を観る。もって王に賓たるに利あり」とあり、つまり昔は「観光」は自

国の未来を予見するための国王の仕事だったのです。

　この「国の光」とは、地域の自然環境やそこで営まれている人々の暮らしや伝統・文化を指し、これらに接することで王は心身共に豊かになり、新たな「国の光」を発することができたのです。

　すなわち、国の文化は自然を背景とする地域の景観、日常の生活様式、さらには文化の所産として芸術等に形として表れるものであり、それらを観ることによって自国の文化の向上に役立てるのが「観光」本来の意味です。

　地域ブランドの次元を上げるには、光っているところだけを観てもらうのではなく、この光輝く遺産がなぜ光っているのかを考察し、真実の歴史を追求して気づきの喜びを知ってもらう工夫が必要です。

　訪れた観光客にこの「旅行＋知恵＝人生のときめき」という学びと共感体験から「楽しい想い出」を持ち帰ってもらえれば、「再訪（リピート）」につながり、地域は活性化します。

第7章 地域社会や組織を元気にする秘訣を伝える

〈プロフィール〉**黒田 尚嗣**（くろだ なおつぐ）

クラブツーリズム株式会社 テーマ旅行部顧問
一般社団法人日本遺産普及協会 代表監事
1956年三重県伊賀市（松尾芭蕉生家向かい）出まれ。慶應義塾大学経済学部卒業後、近畿日本ツーリスト株式会社入社。主として海外団体営業を担当。現在はクラブツーリズム株式会社にて各種の旅行講座や旅行の企画・営業、また自ら各種テーマ旅行に「語り部」として同行しつつ、地方創生事業支援や「日本遺産」認定地への観光客誘致指導、地元企業へのマーケティング指導も行っている。

主な実績	[これまでの主な講演・研修テーマ] ＊2016年度日本遺産国際フォーラム ＊2023年文化庁「日本遺産の日」記念シンポジウム ＊宮崎県（祝！宮崎県初"日本遺産"おひろめかい） ＊和歌山県（広川町日本遺産認定記念シンポジウム） [これまでの主なコンサルティング内容] ＊島根県安来市　コロナ以降の観光考える勉強会 ＊甲信縄文文化発信・活性化協議会〔日本遺産で地域活性〕 ＊（一社）中津耶馬渓観光協会〔観光ガイドに求められるもの〕
対応エリア	日本全国、世界主要都市
その他提供可能なサービス内容	人生を楽しむ講座、マーケティング研修、各種の旅行相談
その他の参考情報	[所有資格] 総合旅行業務取扱管理者／総合旅程管理主任者／損害保険代理店普通資格／労務管理士 [著書] 日本旅行作家協会会員　ペンネーム「平成芭蕉」 『平成芭蕉の旅指南 人生が変わるオススメの旅』（セルバ出版） 『日本遺産検定3級公式テキスト』（日本能率協会マネジメントセンター） 『平成芭蕉のテーマ旅「奥の深い細道」』（パブフル）
依頼者へメッセージ	私は「検索すればわかる情報」より「五感を揺さぶる情報」を提供します。いい旅をすると人は変わり、生き方も変わり、人生も変わる、すなわち「旅の質」が人生を変えるのです。 私の旅の経験によるささやかな知恵が、皆さまの地域社会や組織を元気にするお役に立てれば幸いです。
連絡先	ホームページ　平成芭蕉の旅物語 https://heiseibasho.com メールアドレス heiseibasho@gmeil.com

7-4 信条・特徴・取り組み・モットーなど

企業研修コーチ

挑戦（チャレンジ）で溢れる未来を創る

GROW LIFE COMMUNICATION代表／三井靖夫

「お前はノーヒットだったじゃん」

　小学生の野球大会で初めてメダルをもらい、「パパ！　ほら見て！」と嬉しそうに駆け寄ってきた息子にかけた私の言葉です。

　それまでなかなか試合で勝てなかった弱小チームが、全国大会出場を目指して勝ち進んだ決勝戦。結果は大差で敗れ、全国大会への切符を手にすることは叶いませんでした。それでも、子どもたちは初めて自分たちの力で手にした銀メダルを誇らしげに胸にかけていました。

　そんななか、私は嬉しさよりも全国大会へ進めなかったことに対する悔しさと、三振やエラーばかりだった息子への不甲斐ない思いから、あざ笑うかのようにこの言葉を言い放ってしまったのです。

　きっと息子は、私がどんなに喜んでくれるかを想像し、胸を弾ませながら駆け寄ってきたのだろうと思います。しかし、私の言葉でそれまでの笑顔が一瞬にして悲しい顔に変わりました。泣けばまた怒られると、懸命に涙をこらえながら私から離れていく後ろ姿は今でも忘れることができません。

　もしも今、この時に戻れるなら、三振やエラーといった目に見える結果ではなく、息子が歯を食いしばり全力でバットを振ったこと、向かってくる打球に恐怖と闘いながら必死に飛びついていったことの価値に気がつくことができたでしょう。そして息子を抱きしめ、「おめでとう！

頑張ったね！」と心から讃(たた)えていたと思います。

　言葉ひとつで相手を傷つけることも、成長させることもできることを学んだこの経験をもとに、人や組織を元気にする３つのヒントを、私が学び、実践してきたコーチングの要素と共にお伝えしたいと思います。

関係の質を高めるコミュニケーション

　人はさまざまな環境でいつも誰かと関わりながら生活をしています。あなたは今、どのような場所で誰とどんな関係を築いていますか？　そしてその場所はあなたの才能を開花させ、成長できる場所でしょうか？　もし自分らしさや成長を感じられない場所だとしたら、関係の質を低下させるコミュニケーションが生じているのかもしれません。

　１つの可能性として、その関係性が上下関係によるヒエラルキー型であることが考えられます。

　親と子、上司と部下、先生と生徒など立場を表す言葉そのものに上下関係があり、上の立場に立った時、しつけや指示命令、指導をしなければならないという先入観で相手と関わろうとしてしまいます。すると、相手は自ら考え行動することをあきらめるようになります。

　現在は、上下関係では新しい成果が得られない時代となりました。正解が１つではないうえに、正解が目まぐるしく変化しているからです。そのような時代にあっては、上の立場にいる誰か一人が持つ正解を追い求めるのではなく、対等な関係性のなかで誰でも自分の想いを伝え合い、その組織が持つ正解を皆で探していくことが求められているのではないでしょうか。役割と責任の違いはあってしかるべきですが、人としての優劣はそこに存在せず、共通のゴールを目指すパートナーとしてお互いが関わるようになれば、関係の質を高めるコミュニケーションがどのようなものか見えてくると思います。

挑戦を後押しする「承認」

では、対等な関係性のなかで相手が主体的に行動し成長するためには、どのようなコミュニケーションが効果的なのでしょうか？　そのヒントとなるのがコーチングでも使われる「承認」というスキルです。

承認は「褒める」ことだとイメージする方も少なからずいらっしゃると思います。確かに「褒める」は承認の1つではありますが、多くの場合、良い結果が出た時にしか「褒める」は使えません。

承認の言葉は結果の良し悪しにかかわらず、相手が行動したこと、成長したことをそのまま伝えるだけでよいのです。それだけで自己効力感とやる気を高めるエネルギー源となります。

三振やエラーといった結果だけを見ていた私は、息子を褒めることができなかったばかりか、傷つけ、成長の機会を奪ってしまいました。結果の前に、そこに至る過程や挑戦があります。

そこを見ることこそが承認だと思うのです。すると目に見えなかったその人の想いや大切にしていること、頑張ったことが見えてきます。私たちも誰かにそれを認めてもらえたら、きっとやる気に満ち溢れ、新たなチャレンジをしたくなるのではないでしょうか。

ゴールを活用する

内発的に成長を望むようになった人は、明確なゴールを見つけることでその成長スピードが加速します。

コーチングでは、ゴールを明確にする質問を相手に投げかけます。質問は思考を刺激し、自分のなかにある答えを見つけだすことができます。未来の自分はどうありたいのか？　何を手にしたいのか？　いつまでにどうなっていたら幸せか？　そのために今できることは何だろうか？　それらが明らかになった時、人は歩きだします。

そしてゴールは達成するためのものではなく、成長するという目的の

ために活用するという考え方が大切です。ゴールはいつ変わってもよいのです。その人が自分らしく成長できるゴールであれば。

最後に

これまでお伝えしたコーチングを通じた関わりを実践していくなかで、息子との関係性にも変化が起こりました。高校まで野球を続け、2年生の時に全国大会ベスト8。3年生では主将としてチームに貢献し、地区の最優秀選手にも選出されました。人としても大きく成長した息子を誇りに思います。悔いなく終わった野球人生の最後には、しっかりと抱きしめることができました。

私たちが誰かの持つ無限の可能性に気づき、応援し、輝く未来像を見せることができたら、きっと世界は挑戦に溢れ、その挑戦が新しい未来を創り出していくのだと思います。そんな未来を子どもたちに渡していくことが私たちのミッションであり、それはきっと実現できると信じています。以上が研修を通じて伝えたい私の大切な思いです。

いつかお目にかかれることを楽しみにしています。

ありがとうございました。

〈プロフィール〉**三井 靖夫**（みつい やすお）

GROW LIFE COMMUNICATION代表
1973年12月21日長野県生まれ。
インストラクターとして25年のキャリア。
現在はスポーツ指導者へのコーチング研修やビジネス向けのコミュニケーション研修を実施。
また、会社経営者やプロ野球選手などをコーチングでサポート。
チームのゴール達成へのアドバイザーとしても貢献している。

主な実績	[これまでの主な講演・研修テーマ] ・スポーツコミュニケーション研修 ・チームの力を最大化させるコーチング研修 ・リーダー向け1on1研修 ・高校部活動のコミュニケーションアドバイザー ・社会人、スポーツ選手、エグゼクティブ層へのコーチング 等
対応エリア	全国（リモート研修対応可）
その他提供可能なサービス内容	コミュニケーション、コーチングに関する研修はご相談のうえ、ご提案させていただきます。 その他子育てコーチング、夫婦関係改善など
その他の参考情報	[所有資格] （一社）日本スポーツコーチング協会認定 スポーツコミュニケーションアドバイザー＆コーチ
依頼者へメッセージ	コミュニケーションが人と組織を元気にします。 問題解決やゴール達成を願うあなたのパートナーとして手をつなぎ同じ未来を描いていきます。
連絡先	ホームページ https://growlife-communication.com メールアドレス info@growlife-communication.com

〈編者プロフィール〉
いきいきとした人生と仕事に貢献する講師・コンサルタントの会
2024年2月に発足した「いきいきとした人生と仕事」のために日夜努力を惜しまない講師・コンサルタントが集う有志の会。現在、書籍の制作をメインに活動を展開。事務局は有限会社イー・プランニング麹町オフィス内にある。
https://eplanning.jp/

人や組織を「元気」にする講演講師・コンサルタント48選／名鑑

2024年12月25日　第1版第1刷発行

編　者	いきいきとした人生と仕事に貢献する講師・コンサルタントの会
発　行	株式会社PHPエディターズ・グループ 〒135-0061　東京都江東区豊洲5-6-52 ☎03-6204-2931 https://www.peg.co.jp/
印　刷 製　本	シナノ印刷株式会社

Ⓒ eplanning 2024 Printed in Japan　　　　　　　　ISBN978-4-910739-67-0
※本書の無断複製(コピー・スキャン・デジタル化等)は著作権法で認められた場合を除き、禁じられています。また、本書を代行業者等に依頼してスキャンやデジタル化することは、いかなる場合でも認められておりません。
※落丁・乱丁本の場合は、お取り替えいたします。